マンガでわかる学級崩壊予防の極意

子どもたちが自ら学ぶ学級づくり

土作彰
Akira Tsuchisaku

マンガ／明野みる
Comic by Miru Akino

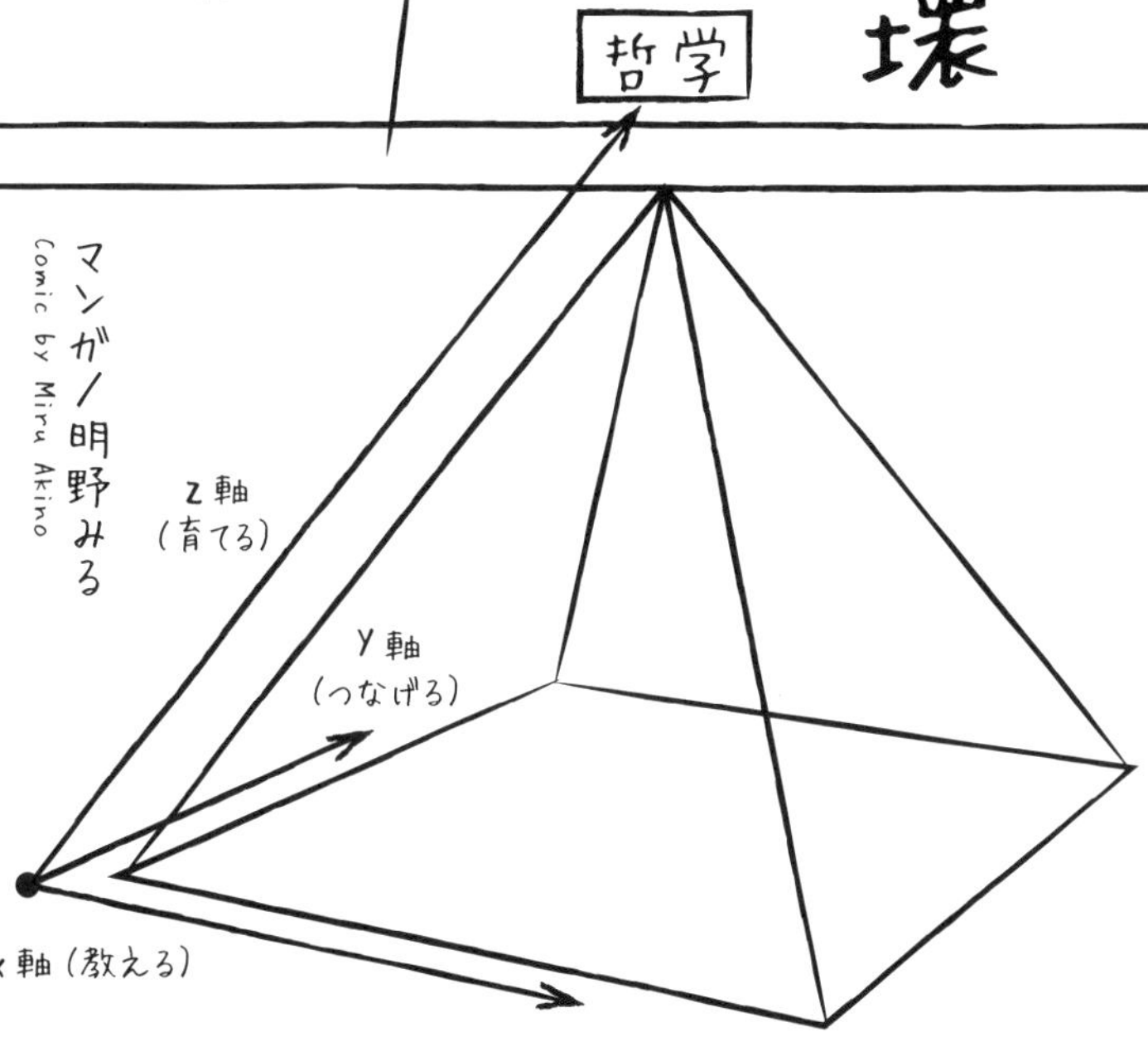

A Comicalized Guide
to Preventing
Class Disruption

Building a Classroom
Where Children
Learn for Themselves

小学館

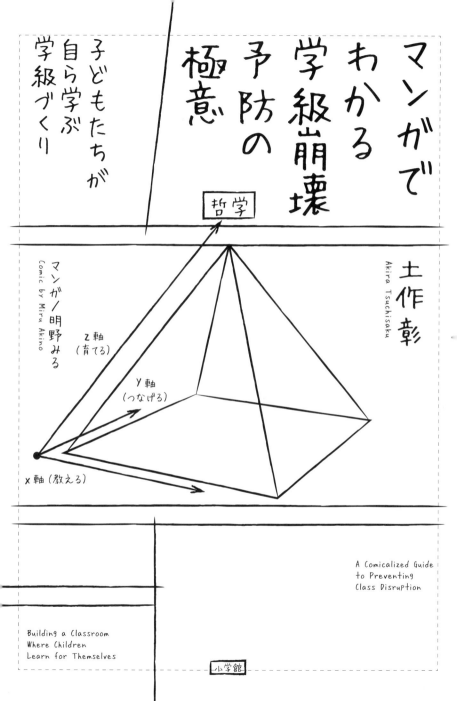

■装幀／近田火日輝（fireworks.vc.）
■本文DTP／永井俊彦（ラムデザイン）
■本文イラスト／斉木のり子、高橋正輝

目次

マンガでわかる　学級崩壊予防の極意

──子どもたちが自ら学ぶ学級づくり──

第3章 場面別・土作流「育てる」指導術

第1章 学級づくりの3D理論

たっ
たっ
ハーハー
いけない！
ちょっと
遅れちゃった!!
大野先輩
怒ってるかな？
森村香澄（20）
K大学教育学部
２年生

今日は、小学校教師になった、大学時代の先輩に会う日です
よかったまだ来てないみたい
大野先輩…久しぶりだな…
きっと子どもたちに大人気の先生になってるだろうなあ…
わーい
わーい
勤務校が決まったときの先輩の姿が目に浮かぶ…
オレは日本一の教師になるぞ——
がんばれー!!
パチ
パチ
キラ
キラ
森村…日本再生は まず教育からだ…!!
あのときの先輩…ステキだったもんな…
へへ…
森村…久しぶり
…はい？
どちらさま？
オレだよ…大野だよ
えぇ!?
ぎょぎょっ

どよむ～ん
元気だった…か？
大野先輩!?
うそ…!!
べ…別人!?
あ…あの どうしちゃったんですか？ なんだか 元気ないみたい
ドザッ
ヒイッ！
森村ぁ… オレ… じつは…
教師やめようと思ってるんだ…

え…
えええ――
!!?
ピシ
ピシピシ
ここ
安くて美味しいって
先輩が教えてくれたんだ
…は　はい
つっちゃん
あの大野先輩が
こんなにやつれちゃって…
何があったんだろう?
カラッ

どーんっ
カウンターへ
どうぞ!!
いらっしゃい!!
ツカ
ツカ
ヒョイ
ヒョイ
ドサ

ヒョイ
ヒョイ
片手で!?
!!
のっし
のっし
…あの大将ちょっと怖いね…
…はい強烈ですね…
…だからさぁ森村…
最近は、困った子どもや親が増えちゃって大変なんだよ…
子どもも親も税金を払った分だけのサービスを受けに来ている感覚で…
俺の情熱なんてわかってもらえないんだよな…
……………

すみませーーん 生ビール もう一杯
はい よー
…いいよなあ あの大将は 楽しそうで…
わい わい
俺も教師を やめて 居酒屋でも 始めようかな…
がはは
そ…そんなこと 言わないで下さいよ!
先輩ならきっと やれます! 学生時代 あんなに勉強してたん だし…
元気だして!
ごめんな… 森村
でも今 俺に何が 足りないのか…
さっぱり わからなく なっちゃったんだ…
ドーーッ

ズシャオオオオ
あ…あの…
大将？
アオッッ
足りないのは…哲学や
…え？

学級担任としての
「哲学」
て…哲学？
「年度末までに育てたい子どもの姿」と言い換えてもいい
あと さっきから聞こえてたんだけど…
学級づくりや授業がうまくいかないのは子どもや親のせいじゃない…
ゴクゴクッ
プハァ
…うまくいかないのはずばり…

君自身に力がないからや──!!
ズリャ!!
君もプロの教師ならそこからスタートやな
くわろん
先輩!しっかり!!
くわろん

ちょっと！
落ち込んでる人に
いきなりそこまで
言わなくても…
スッ
！
…あなた
いったい…
何者
なんですか？
………
ガラッ
ただいま——

おっ！　店長おかえりなさい!!　ちょっとだけ飲ませてもらいましたよ！
ありがとう土作《つちさく》先生！ボランティアで手伝ってもらってすまないねえ
店長って…あの人じゃなかったんですね…
………
つ…つちさく…？
ま…まさか…

あの有名な教育実践家の…
土作《つちさく》　彰先生!!?
え――!?
ガタッ
あ…あの…私も先生のご著書を読ませていただいたことがあります!
…店長も帰ってきたし
今夜は一緒に飲もうか!

あ…あのう
土作先生…
図々しいお願い
なんですけど…
ボクに足りないものを
もっと具体的に
教えていただけない
でしょうか？
バッ
わ…私からも
お願いします！
にた〜
よっしゃ！
カノジョの熱意に負けた！
特別に教えたるわ！
いや あの
カノジョでは…
ちっ
ちがいますよ!!
かあぁ
ドン

本日のオススメ
マグロのカルパ
若どりピ
ごし ごし
学級づくりの3D理論
きゅっ
きゅっ
それではリクエストにお応えして
「土作流・学級づくりの3D理論」特別授業を始めます!
パチ
パチ
パチ
まずこの図を見てください
3D理論ではこの四角錐の体積が大きければ大きいほど「学級づくりがうまくいっている」ことを意味します
あ!大将生ビール追加ね!
飲むペース早いなあ…この人!
…でも全然酔っぱらってないのがすごい!

この頂点にあるのが
「哲学」
私の場合は
子どもたちに
「自らを磨く力」と
「他を思いやる力」を
身に付けさせること
それを
目指しています！
まだ春休みに
入ったばかりです
新学期までに
しっかり考えてみると
いいですね
めも
めも
ここが
「学級づくりの
基礎平面」
この平面の
X軸は
「教える」
「教師が子どもたちに
与えるすべての刺激」
を意味します
X軸　教える

そしてY軸が…
「つなげる」
Y軸
X軸
教師と子どもたち同士の人間関係をつなぐため
「教師が意図的に行う働きかけ」のことです
授業の中で「人間関係を構築する」ことも　教師の大切な仕事です
…なるほど　そこはあんまり意識していませんでした…
とくに4月は子どもたち一人一人との関係を築いていくことが最優先課題です
にこっ
そういうこと教育学部じゃ教えてくれないんだけどね
…確かに…

そしてこのZ軸が「育てる」
Z軸
Y軸
X軸
より高いレベルで行動できるようにする指導のことです
「育った学級」では「挨拶」「返事」「起立」などは…
さっ
はいっ
おはようございます
はい!!
ビシッ
一糸乱れぬ驚異的な高い質で行われます
「育てる」指導は「やり直し」を含む厳しいものになるので
Y軸
X軸
まずX軸　Y軸で学級づくりの基礎を築いてから行うことになります

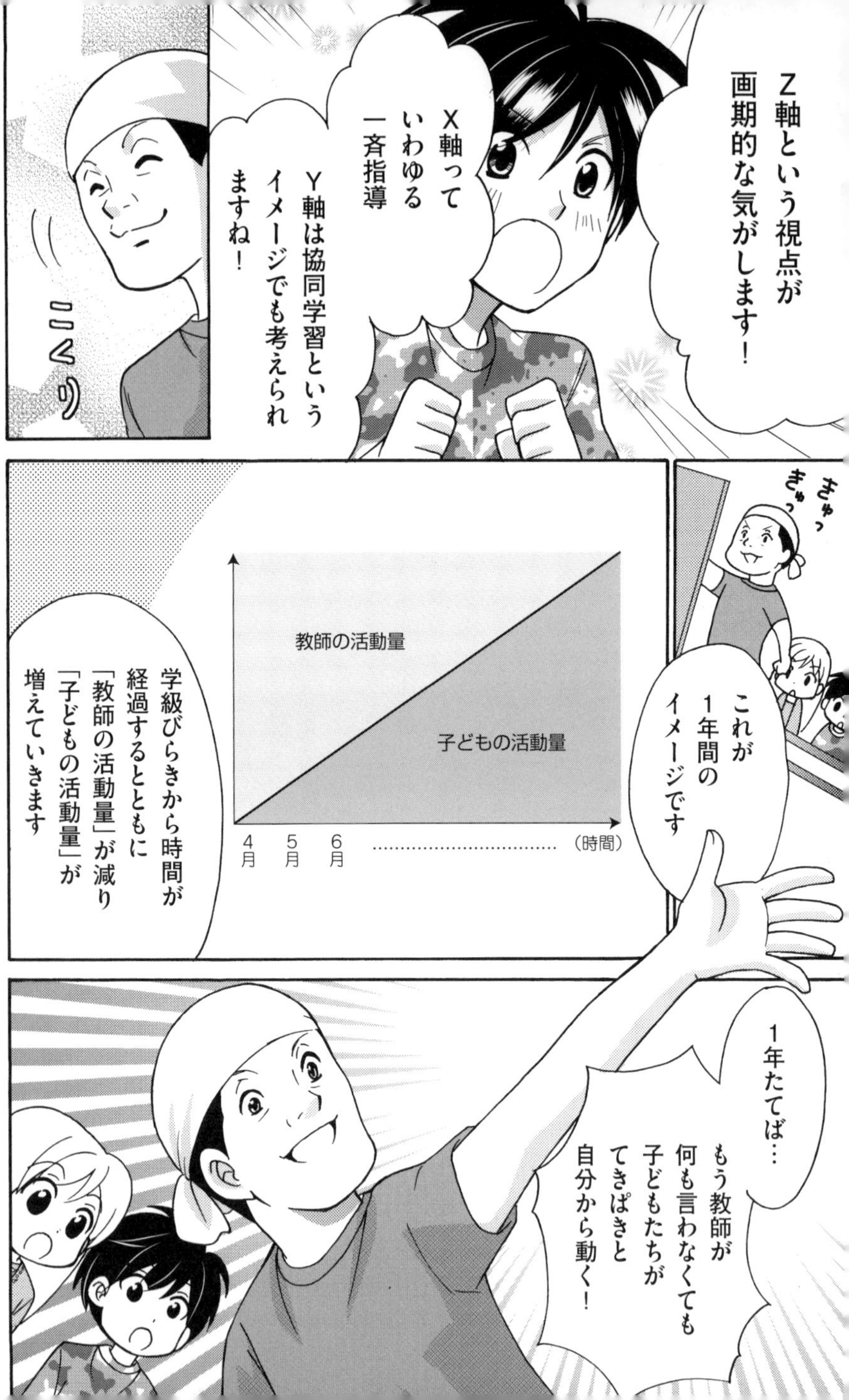
Z軸という視点が画期的な気がします！
X軸っていわゆる一斉指導
Y軸は協同学習というイメージでも考えられますね！
こくり
きゅっきゅっ
これが1年間のイメージです
学級びらきから時間が経過するとともに「教師の活動量」が減り「子どもの活動量」が増えていきます
教師の活動量
子どもの活動量
4月
5月
6月
（時間）
1年たてば…
もう教師が何も言わなくても子どもたちがてきぱきと自分から動く！

教師はそういう
理想イメージをもって
日々の指導にあたる
べきなのです
なるほど…
ホントにそうです
よね!!
あのう…
すみません…
おそるおそる…
私　不勉強なせいか
ハイレベルに
「育った」子ども
たちの姿が
具体的に
イメージできない
んですけど…
大野先輩
できます?
……
ぶるぶる…
しーん…

今　ちょうどPCの中に
うちの学級の三学期の
授業動画があるけど
見る？
はいっ
ぜひ!!
はい
はじまり――
……え？

す…
すごい…
子どもって教師が
何も言わなくても
こんなに生き生きと
学べるものなの？
信じられない…
こんなことが
可能だなんて…
はい
おしまーーーい
ギュ!
ぽーー…
大将ーー
この2人に
ハイボール
おかわりねーー

ガタッ
大変図々しいお願いですが…
先生!!
がばっ
私を弟子にしてください！
ぐいっ
ごくごく
私は弟子はとりません!!
きっぱり
ガーー
がっくり…

ただし…
同じ道を歩む「仲間」としてならいくらでもアドバイスするで！
この店で酒を酌み交わしつつ　お互いの実践を語り合おうや！
は…はい!!
ぱあああ…
ありがとうございます!!

…ところで
授業料だけど
毎回　日本全国の
銘酒を１本
よろしくね♥
…はい
これがなきゃ
もっとカッコ
よかった
のに…
1時間後
わはは…
んがが
よっしゃ〜〜
大野〜〜
もう1軒
行こうか〜〜!
わははは…
んがぐぐ
はは…
これから　毎回
こうなるのかな?
次ページからの
本文で「学級づくりの
3D理論」をもっと
詳しく解説します

1 どうして初任者の授業、学級づくりがうまくいかないか？

どうして初任者の学級づくりはうまくいかないのか。「現場で必要なことを大学で学んでいない」ということに尽きます。「そんなことはない。教職課程で専門的な内容を学んできているのだ。ましてや教育実習にも行ってきたのだ」という声が聞こえてきそうです。しかし、それら大学で履修した内容はやはり役には立ちません。次の理由からです。

①多くの場合、大学の授業では難しい教育理論を学ぶことになっているからです。教科教育法もありますが、多くの場合「教材研究」レベルに終始した授業内容になっています。せいぜい指導案を書いて、模擬授業をするくらいの内容でしょう。

教育現場では、相手は生身の人間なのです。いくら立派な指導案を書いたとしても、実際の子どもたちを見取る力がなければそんなものはただの机上の空論に過ぎません。また、授業以外の教育活動、例えば朝の会、給食時間、掃除時間、帰りの会などでの指導の実際など、大学ではほとんど学びません。というよりそのような時間は「大学での学問の対象外」と捉えられているのかもしれません。

ところが多くの初任者は、このような極めて具体的な指導局面で「立ち往生」してしまいます。仕方なく隣の教師のまねや自分の受けてきた教育を思い出して急場を凌ぐしかなくなります。じつは学級経営を行っていく上で、この「授業以外の部分」はとても重要な要素なのです。しかし、それらは教師教育では決して教えられることはありません。

②後述しますが、授業は「教える」ことだけやっていてもダメだからです。人間関係を紡ぎ、かつ子どもたちの力を最大限に引き出さねば、ただの「授業ごっこ」に過ぎません。最近は大学でも模擬授業をするところが増えてきたようですが、やはりいかに「教える」かということばかりに腐心しているようです。これは教師教育に限ったことではありません。学校の校内研究や全国の研究発表会を見ていてもやはり「教える」ことだけに偏って研究がなされています。昨今は「人間関係づくり」の研究も進んでいますが、アクティビティーを使っての授業などが中心であり、「普段の授業の中でいかに人間関係を紡ぐか」についてはほとんど論じられていません。ましてや「子どもの力を最大限に引き出す」研究など皆無に近いと言えます。

③教育実習は指導教官の学級で授業を行うわけですが、学級経営の土台はもちろん教官がつくり上げたものです。実習生はその土台の上で「授業ごっこ」を行うだけです。その意味では教育実習では学級経営の実際はほとんど学べないのです。極めて短い時間「教え

る」体験をするだけなのです。

こうしてみると初任者はほぼ「丸腰」で現場に配置されることになります。そうして辞令交付を受けてからわずか1週間で担任として子どもたちの前に立つことになるのです。ただでさえ多忙で目の回りそうな新学期に何もできないまま時間だけが過ぎていきます。何とか他の先輩教師のクラスについていかねばならない焦燥感で頭の中はいっぱいになります。ここでやる気のある初任者なら先輩教師にいろいろ教えを請うことになるでしょう。しかし、ここにも大きな問題があります。

多くの先輩教師は「指導法」をポーンと教えてくれます。またウェブサイトにも数多くの「指導法」が掲載されています。それらの情報を入手してそのまま目の前の子どもたちにぶつけることになるのですが、ここに落とし穴があります。「指導法」はぶつけるものでなく、使いこなすものだからです。目の前の子どもたちの状態によっては、加減して使用しなければならないものもあるのですが、その加減が分からず失敗してしまうのです。これを「火傷」といいます。「生兵法は大怪我のもと」と言い直してもいいでしょう。

教師教育や学校での研修だけで、多岐にわたる教育活動を網羅することはできないのです。初任者の学級づくりがうまくいかないのは当然と言えば当然なのです。

2 授業だけで学級づくりができるか？ ～教育界にある「迷信」～

日本全国のセミナー会場で、最近私は次のような「リサーチ」を行います。「教師になって『学級づくりは授業が勝負や！』とか『授業で学級づくりをするんや！』というような言葉を聞いたことがありますか？」。

すると見事にほぼ全員の先生方が「聞いたことがある」と意思表示されます。そこで、「では例えば授業のどんな要素が、いったい何に影響した結果として学級づくりができるのですか？」と聞くと、ほとんどの先生方は答えられません。

じつは私も若い頃は「授業さえしっかりやっていたら学級づくりはうまくいくねん！」という「迷信」を信じていました。ですからひたすら「教える」ために必要な情報だけを徹底的に収集し始めたのです。いわゆる「授業ネタ」というのもその「迷信」を信じ込んで収集したものなのです。少々その経緯についてお話ししましょう。

私は教職10年目まではひたすら面白くて楽しい「授業ネタ」の収集に没頭していました。というのも、初任の頃に学級経営がうまくいかなかったときに活路を与えてくれたのが授業ネタだったからです。苦肉の策で書店へ行き、ネタ本を仕入れてやってみたところ、子どもたちの反応が明らかに変わったのです。もうこれしかない！　と思いました。書店にある授業ネタの本や雑誌を片っ端から買い漁り、また全国のセミナーに出かけては仕入れたネタを次々に子どもたちにぶつけていきました。

　すると子どもたちはとっても喜んでくれたのです。保護者も「こんな楽しい参観は初めてです！」と絶賛してくれました。もう鼻高々です。「なあんだ。授業のネタを仕入れて子どもたちにぶつけるだけでこんなに評判のよい教師になれたじゃないか。簡単、簡単。これでもういっぱしの教師だな」と思ったこともあったと思います。わずか数年目の弱輩教師が！　今思えばまさに赤面の至り。穴があったら入りたい気持ちです。

　でも８年目を過ぎたあたりから「授業はそこそこうまくいくが、学級経営がうまくいかないなあ」ということを感じるようになってきました。「何か違う。何か足りない……」そんな実感が日に日に増幅していくのを感じていました。そんなとき、私は大学院に内地留学することになりました。そして、尊敬する群馬県の深澤久先生の学級へ１週間張り付き取材に行ったのです。そこで私は衝撃を受けました。そこで、信じられないほど高いレベルに育った子どもたちの姿を見たのです。５年生の子どもたちが素直な澄んだ瞳で全力で学習に取り組む姿はまさに圧巻でした。もう言葉が出ない。その学級の子どもたちとはすっかりうち解けて、別れ際はとっても寂しい気持ちになったことを覚えています。同時に思いました。「私は10年間の教職生活の中で、こんなに素敵な学級をつくり得たか？」と。もう次元の違う世界を見せつけられた。本当にショックでした。

それ以来「何が足りないのか？」と自問する日々が始まったのです。それからしばらくして、今度は東京都の杉渕鐵良《てつよし》先生の学級を参観させてもらえる好機を得ました。そこでまた衝撃を受けたのです。群馬で受けたのとはまた違うショックでした。それは、自分の力を最大限に発揮しようとする子どもたちの凄まじいばかりの姿でした。

群馬でも東京でも、担任の教師は実に厳しい指導を入れるのですが、子どもたちはにこにこしながらついていくのです。「到底かなわない！　少なくとも今の自分には無理だ」。そう思ったものでした。敗北感というか絶望に近かったのを思い出します。「なぜ子どもたちはあんなに素直に、厳しい指導についていくのだろう？　何かある。でもそれが何かは分からない」。そのような悶々とした思いを数年間抱き続けていたのでした。

そんなある日。私は京都のある小学校で飛び込み授業をさせていただけることになりました。そのとき他にも数名が授業をされたのですが、そのうちの2人が深澤久先生と杉渕鐵良先生だったのです。いわば「対決形式」でした。私は「とびっきりの授業ネタ」を多数用意し、子どもたちを終始惹きつけることに腐心しました。実際に子どもたちのウケは良く、「なかなかの出来だった」と自画自賛していました。しかし、終わってからの「授業検討」では、けちょんけちょんに批判されました。特に「土作の授業は単なるネタ披露会だ」という深澤先生の厳しい一言が突き刺さりました。「授業はいい出来だったのに……」と思っていた私は悔しくてなりませんでした。家に帰って言われた言葉を紙に書いて机の前に貼り付けました。「いつかこの言葉を撤回させるような授業をしてみせる！」そう心に誓いました。実はこの瞬間が、自分にとって「授業とは何か？」について真剣に考え始めたときでもあったのです。

それから、先のお二人はもちろん、その他多くの有名な実践家の授業ビデオを見直し、「何がすごいのか？」を分析し始めました。「優れた授業というのはいったいどのような共通点を持っているのだろうか？」。その思いを持ちながら映像を分析してみたのです。そうして次の結論に行き着いたのです。

①教師の教える力が段違いに優れている。
②子ども同士が固い信頼関係でつながっている。
③厳しく子どもたちを鍛え、育てる指導を行っている。

これら3つの要素を意識して授業を見れば、何がすごくて何が足りないかが明確に分かるようになります。人の授業を参観するときだけでなく、自分が授業を行うときも何が大切で何が不足しているかを意識できるようになります。そうやって授業分析と授業づくりを繰り返していくうちに、それら授業における3つの要素が相互作用的に構成されて、はじめて「授業づくり」は可能になるのだと確信しました。

3 学級づくりを成功させるための授業　3つのポイント
～学級づくりの3D理論～

先述したとおり、「授業で学級づくりをする」という「常識」の分析はこれまで行われてはきませんでした。

自分自身数々の失敗を繰り返し、最終的に打ち立てたのがこれから紹介する「学級づくりを成功させるための授業　3つのポイント　～学級づくりの3D理論～」です。

まずは次ページの図をご覧下さい。授業における3つの要素「教える」「つなげる」「育てる」の数値を上げることで四角錐の体積を増やすことができます。この体積が多いほど「学級づくりはうまくいっている」ということになるのです。

この図について補説します。

第一に四角錐の頂点にある「哲学」です。「哲学」とは一言で言うなら「教師の思想」です。「目の前の子どもたちを何故どのように育てたいのか」を一言で言い表したものです。私の場合「社会で必要とされる人間となるため」に「自らを磨く力」と「他を思いやる力」の２つの力を身につけさせることに、自分の教育活動を収斂《しゅうれん》させます。

一例を挙げましょう。例えば「挨拶」の指導です。挨拶をきっちりさせる方法論は数々あります。「教える」ために教師はまずはこれを豊富に持つことです。例えば「騒音計を用いて大きな声を出させる」という「教える」技術があります。これを採用したとします。次に教師が留意すべきは「つなげる」ための指導です。例えばペア学習の手法を取り入れたとしましょう。これで子どもたちの人間関係が構築されていきます。最後は「育てる」ための指導です。全員が「挨拶をきっちりする」ことができるようにするために厳しく子どもたちを

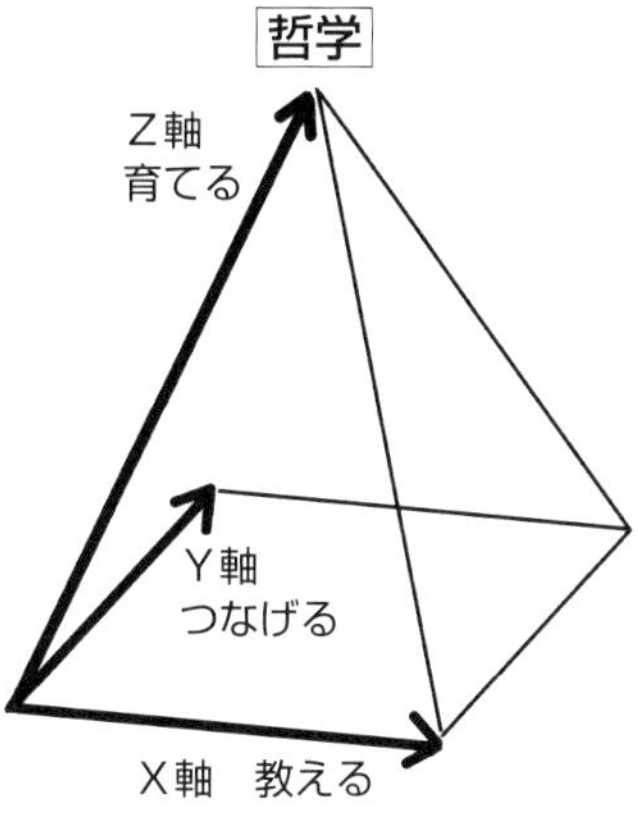

追い込むのですが、勢い「おはようございます！」という言葉を乱暴に叫ぶだけの子どもが出てきます。怒鳴り声で挨拶をするのは悪ふざけであり、人にいやな思いをさせます。これは「自らを磨き」、「他を思いやる」ことに反しますので、やり直しをさせて「きっちり挨拶する方法」を指導することになります。これが「哲学」ある指導の一例です。つまり「教えてつなげりゃいいってもんじゃない」ということがお分かり頂けたでしょうか。

第二に「学級づくりの基礎平面」です。これは「教える」「つなげる」の2つの要素で学級づくりの基礎工事が完成するというイメージのことです。この平面がないのに「育てる」厳しい指導は奏功しません。してはならないとも言えます。初任の教師や荒れた学級の担任は、まずはこの基礎平面をきっちりつくることに集中すべきです。

では次に、先述した3要素について説明します。

1　X軸「教える」

X軸「教える」とは、「教師が子どもたちに対して与えるすべての刺激」のことです。子どもたちが登校して下校するまでのすべての時間帯で、教師が子どもに与える刺激がX軸「教える」にあたります。特に授業中にあっては、「面白い」「分かる」「できる」という実感を子どもたちに持たせることが大切になります。なぜなら、そのような魅力的な授業は「この先生にはついていこう」という思いを子どもに持たせることになるからです。つまり、教師の知的権威を確立させることができるのです。この知的権威こそ子どもとの信頼関係を構築するために必要な要素の１つなのです。

２　Ｙ軸「つなげる」

Ｙ軸「つなげる」とは、「子どもたち同士、あるいは教師と子どもとの人間関係をつなぐために教師が意図的に行う働きかけ」のことです。

教師の仕事は、日々の授業で子どもに知識を与えることだけではありません。授業の中で、人間関係をも構築する必要があります。授業という「活動」を通して築かれる人間関係は、確固たる学級づくりに欠かせない重要な要素の１つです。

３　Ｚ軸「育てる」

Ｚ軸「育てる」とは、「子どもたちに、今ある力以上の高いレベルで行動できるようにする指導」のことです。

「育った」学級はこのZ軸の指導が入念になされた結果です。「育った」学級の「挨拶」「返事」「起立」は一糸乱れぬ驚くべき高い質で行われます。全国どこの教室でも行われている「挨拶」「返事」「起立」とはレベルが違います。そのための指導の基本は「やり直し」を含む厳しいものになります。そのため、まずX軸、Y軸で学級づくりの基礎を築いてから、Z軸「育てる」指導は行う必要があります。

さてここまで書くと、「授業がいかにして学級づくりへと昇華するか」について、「3Dの各要素が同時進行的に作用を及ぼし合う」というニュアンスを与えているかもしれません。しかし厳密には日常の学習活動においては、それらの要素は単独で、あるいは2つずつが相互作用を及ぼしながら機能しているのです。それはいったいどういうことでしょうか？　順次説明します。

①X軸単独作用

教師が子どもに対して、学習内容をはじめとする「刺激」を、一方的に送り続けている状態です。例えば予備校や塾の授業がこれに該当します。講義形式とも言えるでしょう。指導者は子どもたち同士の人間関係などほとんど考慮に入れる必要はありません。多くの場合、予備校や塾の「目的」は「志望校への合格」、「学校での成績向上」であるからです。

この状況では人間関係の構築（Ｙ軸）などは目的達成のためには不要であり、時には「邪魔」な要素でしかありません。

しかし驚くことに、３Ｄを意識すべき公立小学校でも、このような形態の授業が結構行われている事実があります。今から紹介するのは、私自身がかつて目撃した光景です。

それは6年生の社会の授業。教師が教壇の前でひたすら教科書を音読し、子どもには線を引かせて次々進んでいく……。真面目に線を引く子もいるが、多くはだれた姿勢でいやいや作業をしている。数人は机の上に突っ伏している……。その学級はやがて崩壊してしまいました。当然と言えば当然です。学級づくりに必要な要素をリンクして作用させていないのですから。

②Ｙ軸単独作用

これは子どもたちがつながるように教師が意図して行う活動です。いわゆる「ペア学習」「学び合い」などはこれに該当します。また教師が意図せずに放っておくと子どもたちは自然発生的にグループ化していきます。これも1つのＹ軸単独作用と言えないこともありません。教師のＹ軸を作用させる力が弱いとき、学級内にグループ化が進む現象でもあります（「つなげる」というより「つながってしまう」という感じです）。

つまり教師の力量が低い場合、子どもたちは教師が意図しない、望ましくないつながり方を進めていく可能性があるということです。先述したX軸単独作用の学級が崩壊したのは、本来は授業の度につなげていくべき人間関係構築を怠った結果とも言えるでしょう。

③Z軸単独作用

これは子どもたち自身が、ストイックに自分を律して学習活動などに取り組んでいる学習の形態です。質の高い自主学習や宿題がこれにあたります。普段の授業中でも、「では今から15分間、自主学習をしなさい」という指示を出すことがありますが、「鍛えられ育った」子どもたちは、誰に言われなくてもどんどん自分のペースで学習を進めていけるはずです。宿題も自分たちの力だけできっちりこなすことができます。

逆に、Z軸単独の作用力が弱い場合、自主学習や宿題の類の達成度は極めて低くなります。学級にそういう子が必ず数人はいますが、換言すれば「Z軸単独作用力の弱さ」が原因とも言えるでしょう。そういう子が多い学級では自主学習などの形態は成立しにくいはずです。そこで他の要素との相互作用が必要となってくるのです。

④XY軸の相互作用

子どもの興味を引く学習内容を、子どもたち自身が人間関係を紡ぎながら習得していく学習形態です。ワークショップ型授業がその典型です。教師の役割はあくまでファシリテーターであり、主役である子どもたちが活発に動くようにサジェスチョンを出し続けることに徹します。また日常の授業の中で取り入れる「ペア学習」や「グループ学習」もこの類になります。

子ども同士のリレーションが高まっていくので、学級づくりの基盤づくりが進んでいくことになります。繰り返しになりますが、この相互作用で完成した「基盤」のことを「学級づくりの基礎平面」と呼びます。いかなる学級もまずはこの基礎平面を確固たるものにすべく指導を進めていくことになるでしょう。３Ｄ理論において、この基礎平面はまさしく「基礎」であり、これなしにはいかなるＺ軸作用を活かした指導も奏功しません。「育てる」指導は厳しさを伴います。Ｘ軸作用による知的権威も、Ｙ軸作用による人間関係の構築もなしに「育てる」指導＝Ｚ軸作用は安定して展開することはできないのです。

この基盤を無視し、勢い厳しさだけで子どもたちに対峙するいわゆる「管理型学級経営」は、まさに砂上の楼閣のように危険性をはらんでいるということになります。

⑤ＸＺ軸の相互作用

教師が前面に出て指導性を発揮し、子どもたちがそれに追随しながら学習を進めていく形態です。一斉指導型授業がその典型です。Z軸の値が低いとX軸の単独作用に近づくことになります。Z軸の値が高いほど、教師が全面に出てガンガン引っ張っていく授業になるでしょう。厳しい指導のスポーツチームといった感じです。言うまでもなく、教師の圧倒的なX軸作用による知的権威の確立と、子どもたちを厳しく引っ張っていく指導性が求められます。子どもたちが意欲を持ち授業に臨んでいる限り、この指導法はきわめて高い学習効果をあげることが期待されます。

逆に子どもたちとの関係が悪い（X軸作用が低い）場合、子どもたちから反感を買う危険性をはらんでいます。

⑥YZ軸の相互作用

人間関係が構築された集団が、自発的に自分たちの力を伸ばすべく課題に取り組む形態です。④「XY軸の相互作用」と決定的に違うのは、教師の存在を必要としない点と、あくまで自分たちに厳しい課題を課していける自律性を持っている点です。

これはもはや教師の指導性を必要としない段階であり、いわば教育活動の最終段階であると言えるでしょう。

⑦XYZ軸の相互作用

⑥のYZ軸の相互作用が高いレベルで発揮された状態を理想とするなら、その前段階にあるのがこの「XYZ軸の相互作用」です。YZ軸はZ軸を含む限り、XY軸の確固たる基盤を必要としていることは先に述べました。よってこのXYZ軸の相互作用を意識的に授業に取り入れることでまずは学級をしっかりつくり、その上で教師がフェイドアウトしていくのです。そのプロセスを知らない者にはあたかも「教師がいなくても子どもたちが協力し合って力を伸ばしている」かのように映ることでしょう。しかし分かる教師にはその子どもたちの動きの中に、多くの教師による布石の連続を感じとれるはずです。

以上、①〜⑦の学習形態を紹介してきました。教師はこれらの形態を授業の中で効果的に使い分けていくことで、3軸のバランスの取れた学級を創出していくことが可能になるのです。

4 上達論がなければ授業も学級づくりも失敗する
〜学級づくり　初期・中期・後期〜

ここまで学級づくりの3D理論について述べてきました。特にZ軸である「育てる」視点は従来の教育実践研究においてまともに取り扱われてこなかったものです。この「育てる」視点の基盤になるのが「上達論」です。

多くの教師はX軸「教える」ことに全精力を傾注しています。最近は協同学習が花盛りで、Y軸「つなげる」視点も多く取り入れられるようになってきました。ということは「学級づくりの基礎平面」づくりができる教師が増えてきたということでもあり、それは一定の「成果」とも言えるでしょう。しかし多くの学級はそこ止まりなのです。そこそこの授業が成立し、子どもたちの人間関係も構築できていれば「いい学級だ」と評されるからです。しかし本書のサブタイトルである「子どもたちが自ら学ぶ学級づくり」を目指すなら、実はここからが勝負なのです。

左ページのグラフをご覧下さい。

これは学級がスタートして時間の経過とともに「教師の活動量」が減り、「子どもの活動量」が増えていくことを示しています。これを意識していないと、教師は年中「教える」ことばかり繰り返すことになります。結果、1年経っても子どもたちは単に「頭でっかち」になっただけで人間的に何の成長もないということになります。そうして「高学年は思春期なので恥ずかしがって声も出さないし、発表もしない」という迷信を蔓延させることになるのです。教育を受けるほど子どもたちが白けて力を発揮しなくなる……。この退行現象を看過することは、教師による「教育の否定」であり、「逃避＝敵前逃亡」であり、「国民に対する背信行為」に他なりません。

　教師は「1年経てばもう教師が何も言わなくても子どもたちがてきぱきと動く」、そのような「理想イメージ」を持ち、日々の指導にあたるべきなのです。

　さて年間を通じての「育てる」指導を意識する際、「初期」「中期」「後期」の3つの時期を意識するとよいでしょう。

「初期」は担任してから、学級づくりを軌道に乗せるまでの時期を指します。教師が指導性を発揮し、子どもたちが1日の学習活動をスムーズに効果的に行えるようにあれこれ基盤をつくる時期です。

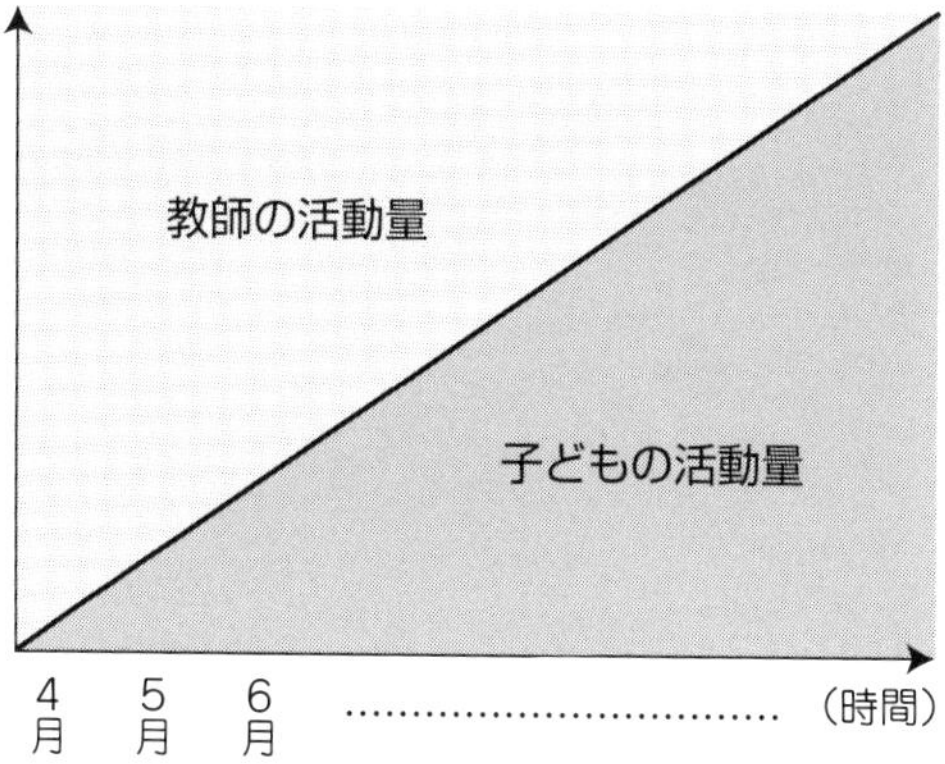

「中期」は教師主導から徐々に子ども主導へと切り替えていく時期です。じつはここが最も大切な時期なのです。

「後期」はすでに子どもたちの自主的な力が発揮され、教師はほとんど指導しなくてもよくなる時期です。しかし、教師は自分が「楽になった分」、その労力を、さらにハイレベルな学級を目指していくことに向けねばならない時期です。どこまで子どもたちは伸びるのか？　そのことに喜びを見いだしていける境地とも言えるでしょう。

本書第3章ではこの「後期」を理想イメージとし、その実現のために「初期」「中期」でどのような指導をするとよいのかを、具体的に述べていきます。

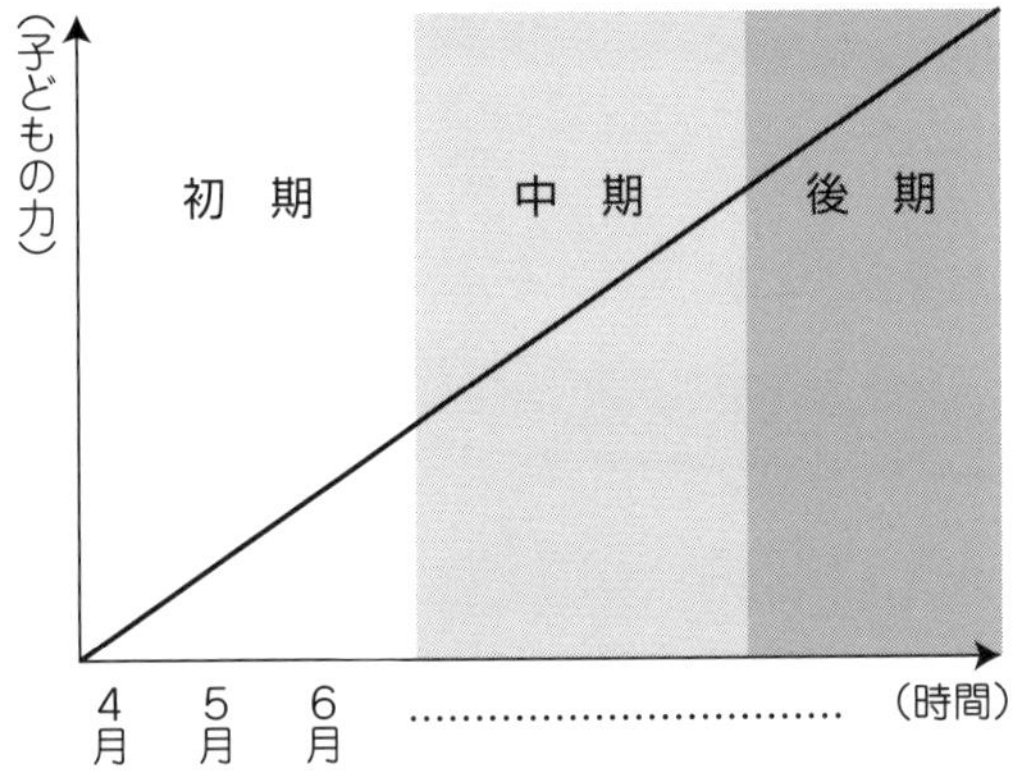

第2章

学級びらきと「子ども同士をつなぐ技術」

ドサッ
はあ
教育学部で学ぶ
ヴィゴツキーとか
マズローとかブルームも
面白いんだけど…
大学では
授業以外の部分を
ほとんど教えて
くれへんやろ～～
がははは
…あの強烈な
説得力と面白さ…
忘れられないな…

ピロローン
大野先輩からだ
今夜は土作先生の
第2回講座
「つっちゃん」で19時
に会おう！
ぱあああ
大野先輩！
やる気を
取り戻したんだわ!!
居酒屋
つっちゃん
ガラララ
こんばんは――

どわむ〜ん…
…おお…森村…か…
ガ———ン
こ…この前より悪化してる———!?
あれ?土作先生は?
…今日セミナーの講師で呼ばれていて少し遅れるって連絡が…
ズガターン
!!?
も〜大野先パーイ
しっかりしてください!!
ずずず〜

もうすぐ始業式だっていうプレッシャーのせいか…恐ろしい夢を見たんだよ…
夢ってどんな？
GW明けに学級がめちゃくちゃに崩壊しちゃってオロオロしてる夢
どうしようどうしよう
子どもたちは授業を聞かずに立ち歩くし
ふらふら
保護者からはクレームの嵐！
女性の先輩に相談しても
まあ実力なんじゃなーい
プッ
がーん
って言われるし…
ガリガリ
うう!!思い出すだけで胃が痛くなってきた!!
ズキーン
先輩…
……

ヒョコッ
学級名簿はもうもらったの？
…え？
いえ…明日もらう予定なんですけど…
あの…ひょっとして土作先生のお知り合いの先生ですか？
こくり…
ごっきゅごっきゅ
ぷはーーー…
…あ
間違いない…
間違いなく仲間だ…
オレも小学校教師になって15年以上たつけど
今も学級びらきは不安だし緊張するよ
悩んでいる暇があったら準備をしよう！
まず すべての子どもたちの名前を覚えることから始めようや!!
バババ
さっ

ガララ
お！ 中條《なかじょう》！ もう来とったんか!!
どーもー 土作さん！
な…中條って あ…あの…
『授業の鉄板ネタ54』（黎明書房）の著者
中條佳記《よしのり》先生ですか!?
いやあ…
な…何なの この居酒屋——!!?
かんぱーい!!
←着がえた

授業料の日本酒もいただいたことですし…
酔わないうちに第2回講座を始めます！
パチパチパチ
学級びらき初日までにしておくべきことは…
大きく分けて下の６つです
①子どもたちの名前を覚える
②配慮を要する子どもの情報を把握する
③出会いから３日間の予定を把握しておく
④「哲学」を確定する
⑤担任学年の指導内容を把握する
⑥一日の流れをシミュレートする
（詳しくは本文P80～84参照）
とくに⑥はノートに書き出して具体的にイメージ・シミュレートしておきましょう
メモメモ
勉強中はウーロン茶？マジメだねえ…

そして いよいよ迎えた 1日目
この日に 大事なのは…
「些細な望ましい 行動をほめること」 です
始業式が 終わってから 教室に入る際 次のように子ども たちに投げかけ ます
荷物を運んで くれる人は いますか？
は――い
よいしょ よいしょ
この子たちの名前と 顔を覚えておいて 教室で次のように 言います
じつはさっき とても立派な 人がいたのですが 皆さん 気付き ましたか？
◯◯くんたちが 荷物を運んで いました〜

そうです！
忙しいときに
クラスのみんなのために
サッと動いてくれましたね！
素晴らしい子が
たくさんいる
このクラスで1年間
ともに生活していくのが
とても楽しみです！
さあ！
○○くんたちに
拍手してください!!
パチパチパチ
パチパチ
キョロ…
わぁっ
パチ
パチ
パチ

←オリジナル実践は有田和正氏によるものです。

…素敵な指導ですね…
2日目以降できている子がいたらしっかりほめてあげますできていなければ…
にこっ
ストップ！いったんプリントを回収してください!!
なぜ、もう一度集めたかわかるかな？
こうした指導で次のようなことを子どもたちにしっかり印象づけるのです！
①他の人のために働くことは素晴らしいこと
②「思いやり」「感謝」の心を大切にしてほしいこと
じーん

続いて2日目
「話し方・聞き方」の指導を始めます
話し手に対する指導
話す子から一番離れている席の子のそばに立ち――
一番遠い○○さんが一度で聞き取れる声で話してごらん
聞き手に対する指導
「聞く」とは次の3つの「く」を意識することです
「向く」話す子の方にしっかり体を向ける
「うなずく」話す内容に対し　うなずくなどの反応をする
うん うん
「書く」必要に応じメモを取る
カリ カリ…
ガリ
ガリ
書く!
ガリ
そうそう そんな感じ

さて3日目…
この日以降は授業でペースをつかんでいきます
ここで必要なのが――
「子どもの心をつかむ楽しい授業ネタ」です
3×3=9
中條くんはその道の達人なのでご著書を読んでもらいたいのですが…
いや　まだまだですよ
キラーン
今日は私の得意技を一つだけ披露しましょう
ジャーーーン!
待ってました!伝家の宝刀真空保存容器!
ガザ
ゴソ
マシュマロ

コロ
コロ
マシュマロを入れて容器の中の空気を抜いたらどうなりますか？
…容器の中の気圧が下がるから風船ならふくらむけど…
…う〜ん？
マシュマロが小さくなると思う人！
はい
反対に大きくなると思う人！
は…はい
ではやってみましょう！
シュコ
シュコ
シュコ
シュコ
シュコ
シュコ

わーーー！
すごーーーい!!
ふくらんだーー
マシュマロの中には空気の泡が入っているので結果は風船と同じなんですね～
おーーー
パチ
パチ
パチ
あ…あのう…
このネタなんですけど…
どうぞ！どんどんマネしてください!!
真空保存容器はネットで買えますよ！
ありがとうございます!!
わーー
すごーい

こういう授業ネタで子どもの心をつかみつつ
3日目以降は「子ども同士の関係をつなぐ」ことも大切です
はいっ！
でも学級びらきの段階でいきなりそれは難しいのでは？
できます！たとえばこんな授業をします
「キョウ」という音読みの漢字をできるだけたくさん書きなさい
誰にも相談してはいけません
一人でやります時間は2分です
カリ カリ
高学年でも平均3～5個多い子でせいぜい10個くらいしか書けません
キョウ キョウ

では次に教室中を歩き回って どんな答えがあるのか 友達から教えてもらいなさい
ノートにメモしながら聞くのです
そのとき 最初は
よろしくお願いします!
終わったら
ありがとうございました!
としっかり言いましょう
友達が自分を賢くしてくれるのです 礼儀正しく学びましょう 時間は2分です
よろしくお願いします
ありがとうございました
時間がきたらまた席に着かせます
では再び自分一人で「キョウ」という字を書きます 時間は2分です
時間がきたらいくつ書けたかを聞いていきます 多い子は2~3倍に増やしているはず
1回目よりひとつでも増えた人は 手を挙げてください
さっ
おお! 全員ですね!

では　みなさん
なぜ10分ほどの短い
間に　何倍も賢く
なれたのですか？
珠玉の
決めゼリフ
その2
キラーン
はいっ！
友達と教え合った
からです！
そうです！
友達と学び合えば
あっという間に何倍も
賢くなれるんですね！
今年一年間
いろいろな授業で
友達と意見を
交流していきます
友達を大切にして
みんなで賢くなって
いきましょう！

…それが
学校で勉強することの意義です
なるほど～
4日目以降も授業に限らず 常に子どもたちをつなげ続けていきます
次の2つに留意しましょう
①ある子どもの「輝く行為」を友達にほめさせる
②友達と学び合ったからこそ「賢くなった」瞬間を可視化する

①について大切なのは「輝く行為」を教師がほめるのではなく
子どもたちに気付かせてほめさせることです
今、とっても素晴らしい行為をした人がいます気付きましたか？
……
はっ
○○さんがさっき提出したプリントを揃えてくれていました！
△△くんはゴミを拾って捨ててくれました！
そうですね！友達のことを考えた素晴らしい行為でしたね拍手しましょう！
パチ
パチ
パチ
パチ
パチ

○○さんの素晴らしい行為に気付くことができた□□くんも素晴らしい目をもっていますね！
□□くんもきっと素晴らしい行為をしてくれると信じています！
すご～い
□□くんにも拍手しましょう！
パチパチ
なるほど！こういう場面を一年間繰り返していくんですね！
②はたとえばさっきの漢字の授業ですよね！
他にもありますよ！

私の算数の授業は問題を自力で解けない子が
ここがわからないのでみなさん教えてください！
と言って始まりますその子の疑問に友達が次々と答えていきます
||
わからなかった子が
わかりましたありがとう！
と言うまでこれを続けるのですが…
大切なのは最後の「語り」です
ところで今日全員が問題を解けたのは誰のおかげかな？
○○くんの説明がとってもわかりやすかった！
…□□さんが「わからない」って堂々と言ってくれたからだと思います…
△△さん！いいことを言いました!!

そうです！
わからなかった子は
わかる子のおかげで
賢くなれました
わかっていた子も
詳しくわかりやすく
説明する力が
つきました
こうしてみんなが
一人残らず伸びていける
のが 授業なんだね…
珠玉の
決めゼリフ
その3！
キラーン
拍手しま
しょう！
パチ
パチ
パチ
…これも
素敵な授業
ですね…
そやろ？
ほれた？
い…
いえ…
……

ガタッ
ありがとうございました!!
がばっ
僕 なんだか始業式が楽しみになってきました！
これから家に帰って 早速準備を始めます！
中條先生の本も読まなくちゃいけないし…
森村 悪いけど先に帰るわ！
え!?
ちょ…ちょっと先輩……!!
失礼します！

カラララ…
ピシャン
ぽかーん…
……
あいつ単純やなあ…
そうなんですよ
昔から 思い立ったら猪突猛進で周りが見えなくて…
大野先輩…
お! ひょっとして 君 大野くんのこと…
ち… ちがいますよ!!

どん
フッ
…でもあいつもようやく プロの顔になってきよったな…
さて 飲もうか 香澄ちゃん！ 今夜は大野の分もつきあってもらうでぇ！
…え？
次ページからの本文で「土作流・学級びらき」をもっと詳しく解説します

辞令を受け取り勤務校に赴任すると、すぐに担任する学級を言い渡されます。子どもたちとの出会いはもうすぐそこに迫っています。限られた時間の中で自分のなすべき仕事にどのように見通しをつけ、仕掛けていくのか？「怒濤の1か月」でやっておくべきことを順次紹介していきます。

1 出会いの瞬間！ でもその前に…

学級名簿を貰ったら、出会いの日までにやっておくべきことがあります。

①子どもたちの名前を覚える

顔と名前の一致まではなかなか難しいかもしれませんが、どんな名前の子がいるのかはしっかり把握しておきます。席は出席番号順に決めるでしょうから、3日以内に子どもたちの名前と顔を一致させることができるようにします。

②要配慮児童の情報を把握しておく

前担任から必要な情報を得ておくのは当然です。その際、先入観にとらわれ過ぎることなく、あくまで客観的情報として記録しておきます。必要なら保護者と春休み中に会っておくことも考えられます。

③出会いから3日間の予定を把握しておく

出会いからの3日間はかなり忙しくなります。指導をする時間は限られてきます。有効な指導を行うために、「何時頃から何分間指導可能か？」を把握しておきます。そうして、次項以降でご紹介する「仕掛け」をうまく実行できるようにシミュレートしておくのです。

④「哲学」を確定する

じつはこれが最も重要な「準備」と言えます。「哲学」とは「担任する目の前の子どもたちをどのように育てたいか」をズバリ一言で言い表したものです。担任教師の「思想」であると言ってもよいでしょう。これがないと指導に一貫性を欠き、ブレることになります。結果、子どもたちからの信頼を失うことにもなり得ます。

私はここ数年、「自らを磨き、他を思いやる子どもを育てる」ことで一貫しています。

トラブルがあっても、迷いがあっても、ここに立ち戻り対応策を講じます。「指導の拠り所」と言ってもよいでしょう。

若い先生方でもまずは自分の「哲学」を確定してみるとよいでしょう。「元気なクラス」「仲の良いクラス」など何でもかまいません。そうやって時には修正、追加しながら自分なりのものを構築していけばよいのです。

⑤担任する学年の指導内容を把握する

1学期分だけでもよいので、学習指導要領を読み、扱う単元と内容をざっと把握しておくことです。各校には年間指導計画があるはずです。

次にその学年で使える授業プランを入手しておきます。これは教育書や教育雑誌などを購入するのが一番てっとり早いでしょう。大きな書店の教育書コーナーでは「春のフェア」を開催していることが多いものです。その中から自分が「おっ！　使えるな」と感じたものを片っ端から買い求めることです。10冊でもせいぜい2万円程度です。教育のプロが書いたノウハウをこの値段で入手できるのです。安いものです。

安易な追実践は危険ですが、最低限の教育情報を持っておくことは教育のプロとして当然です。1年に数十冊程度でよい。10年で数百冊にもなります。それは教師にとって大切な力量形成の一つとも言えるでしょう。

⑥一日の流れをシミュレートする

担任発表後すぐに「戦い」はスタートします。子どもたちの学校生活を具体的にシミュレートしてみます。登校して靴を履き替え教室に入る。提出物を出して、遊びに行く……。このように極めて詳細に、子どもたちの行動を書き出してみるのです。そうして「この場面では子どもたちにどのような言動をとらせるのか？」を考えてみるのです。これがないと行き当たりばったりの指導になります。具体的には次の項目は最低限明らかにしておくとよいでしょう。

■朝登校して、靴や鞄はどこに入れるのか？
■提出物はいつどこに出すのか？
■忘れ物はいつ言いに来るのか？
■朝休みはどこでどう過ごすのか？
■始業のチャイムとともにどうするのか？

■朝の会はどのように進めるのか？
■授業準備はどのようにしておくのか？
■授業はどのように開始し、終了するのか？
■次の時間の準備はどうするのか？
■休み時間はどう過ごすのか？
■給食準備はどうするのか？
■給食を食べ終えたらどうして待つのか？
■昼休みはどう過ごすのか？
■掃除時間はどこを誰がどう掃除するのか？
■帰りの準備はどうするのか？
■帰りの会はどうするのか？
■帰った後、教室はどうなっているのか？

これらのうちのいくつかは学年で統一されるものもあるはずです。学年主任に事前に確認しておきましょう。これらの「イメージ」なしに新学期を迎えるのは「無謀」としか言いようがありません。

2 いよいよ出会いの瞬間！

①1日目・些細な「望ましい行動」を褒める

始業式で担任発表が終わり、担任するクラスの子どもたちの前に立つ。ここから担任による指導の開始です。換言すれば「その年1年の学級経営のスタート」です。この瞬間から子どもたちは担任教師の指導＝刺激を受け、その「反応」としてあらゆる言動を取りはじめることになるのです。

1日目のスケジュールは学校によって様々ですが、多くの場合、配付物や掃除、入学式の準備などに追われてまともに学級指導をする時間がないというのが実態でしょう。ともすれば忙しさに追われてドタバタで何も指導できずに終わるということもあり得ますが、それではプロ教師失格です。

私は始業式が終わってから教室に入る際に次のように子どもたちに投げかけます。

「荷物を運んでくれる人はいますか？」

多くの場合、やんちゃ坊主たちが手伝ってくれます。その子たちの顔と名前をできるだけ覚えておきます。その後教室に入り、明日の連絡を終えたときに次のように言います。

「先ほどとても立派な人がいたのですが、みなさん気付きましたか？」

鋭い子なら「○○君たちが荷物を運んでいた」と答えてくれるでしょう。出なければこちらで「荷物運びを手伝ってくれた人は立ってください」と言えばいいでしょう。そして、「この忙しいときにクラスのみんなのためにさっと動いてくれましたね。素晴らしい子がたくさんいるこのクラスで、1年間ともに生活していくのがとっても楽しみです。さあ、このお友達に拍手して下さい！」と讃えます。

次に配付物の指導です。

「今からたくさんプリントを配ります。渡すときは『どうぞ』、貰うときは『ありがとう』と言いましょう。『どうぞ』は思いやり、『ありがとう』は感謝の言葉だからです」こうして物の受け渡しの際のマナーを最初にきっちり教えます。（私はこれを有田和正氏から学び、今も貫徹しています。）

1日目はこの程度の指導にとどめておきます。翌日からもそれができている子がいたらしっかり褒めてあげます。できていなければ「いったんプリントを回収して下さい」と言って集め直し、「なぜもう一度集めたか分かるかな？」と投げかけます。

このことで初日から次のことを子どもたちにしっかり印象づけるのです。

■他の人のために動くことは素晴らしいこと。
■「思いやり」「感謝」の心を大切にして欲しいこと。

②2日目・1日の流れを確認する

２日目になれば入学式の前後などに45分程度、学級指導の時間が確保できるはずです。ここで真っ先にすべきことは「子どもたちが1日を滞りなく過ごせる『流れ』を確認し、定着させる」ことです。

これは先述した「⑥1日の流れをシミュレートする」に挙げた項目などを、明確に1日の生活の中にシステム化することです。システム化とは簡単に言えば「担任教師が学校を休んでも子どもたちが自分たちだけで1日を過ごしていける」状況をつくり出すことです。（私はこれを戸田正敏氏から学び、今も貫徹しています。）

その中で重要になってくるのが、それらの仕事を誰が仕切るのか、ということです。教師なのか？　日直なのか？　当番なのか？　係なのか？　そこで初めてこれらの役割の必要性が出てくるのです。

まずは他のクラスとも足並みを揃える方法をとることをお勧めします。主任や先輩の先生方に自分からすすんで聞きに行きましょう。子どもたちが育ってきたら、徐々に独自の方法を取り入れていけばいいでしょう。

③「哲学」ある学習態度を身につけさせる

2日目になれば何かと子どもたちに発問をし、答えさせるシーンが出てくるでしょう。例えば「入学式で身につける力にはどんなものがありますか?」などです。このとき、自らの哲学に立ち戻り、子どもたちがどのような姿になればよいのかをイメージして指導にあたることが大切です。

例えば先述した通り私は「自らを磨き、他を思いやる子ども」を育てたいと考えています。ですから、具体的に次のような子どもをイメージします。

■話し手は聞く人の方を見て、分かりやすく話している。
■聞き手は話す人の方を見て、「しっかりあなたの話を聞いているよ」というメッセージを送っている。(次ページ下段イラスト参照)

すると、例えば次のような指導を入れることになります。

【話し手に対し】

話す子から一番離れている子の傍に教師は立ち、「一番遠くに離れている○○君が一発で聞き取れるような声で分かりやすく話してごらん」と指導します。

【聞き手に対し】

「『聞く』とは3つの『く』をすることです。それらは次の3つです」と指導します。

「向く」↓話す子の方にしっかり身体を向ける。
「頷く」↓話す内容に対し、頷くなどの反応をする。
「書く」↓必要に応じてメモを取る。

④「共に学ぶ意義」を考えさせる宿題を出す

帰り際に連絡帳を書く際に子どもたちに次のように言います。

「早速ですが今日は宿題を出します」

子どもたちは「ええっ?」という反応を示すでしょう。でも構わず次のように言います。

「大丈夫です。とっても簡単な宿題です」と言って懐から封筒を取り出します。そして、「この中に数字を書いた紙が入っています。その数字がいくらなのかを当ててきてほしいのです。簡単ですよね〜。何か質問はありませんか？」（例えば下イラストのように「１３５」という数字にしておきましょう。）

おそらく「何桁ですか？」などの質問が出るでしょう。（出なければ「何か質問があるよねえ」などと自分で振って自分で答えればよい。）そこで「数字っていくつあるんだっけ？　そう、無限だよね。だから桁数は分かりません」と答えます。「ええっ！　無理だよ！」と子どもたちは言うでしょう。「まあ頑張ってきてね。24時間あれば分かるって！」と返しても子どもたちは釈然としな

い様子です。

　そこで次のように聞きます。「この宿題は不可能に近いと思う人？」おそらく全員の手が挙がるでしょう。そこで教師は次のように言います。

「でもねえ。その不可能があっという間に可能になるんです。はい、○○君！　いくらだと思う？」と言って近くの子を当てます。できれば最前列の子がいいです。するとその子は「24」などと答えるでしょう。即座に「違います。もっと上！」と言って次の子を指名します。「１００」と言ったら「惜しいなあ。もう少し上！」とヒントを出しながら次々当てていきます。すると一分足らずで「正解」の１３５という答えが出されるはずです。子どもたちからは自然と拍手が起きるでしょう。

　さて大切なのはここからです。次のように問いかけます。

「先ほど、これは不可能だ！　と思えたことがわずか数分で可能になりましたね。なぜですか？」

　子どもたちからはいろいろな意見が出されるでしょう。大切な答えは次の５点です。板書していきます。

①答えを発表した。
②友達の答えを聞いた。
③先生のアドバイスを聞いた。
④考えた。
⑤間違いを怖れず発表した。

「そうです。家で自分一人でいくら考えても答えには行き着きませんが、みんなで考えて先生の話を聞いて失敗を怖れず発表すれば、不可能でも可能にすることができるのですね。それが学校で、友達みんなで学び合う意義なのです。自分のことを賢くしてくれる友達を大切にしましょうね」と締めくくります。

これを翌日以降の授業のあらゆる場面で貫徹していくのです。

3 3日目・授業でペースをつかむ

ここまで、子どもたちには教師の「哲学」に支えられた学習態度を指導してきました。

ここからは一気に「良い流れ」を創り出していきます。「勢い」と言ってもいいでしょう。これを成功させるには「子どもを魅了する楽しい授業ネタ」が必要です。このネタは多数発刊されている教育書から入手可能です。指導する教科、学年で使えるものを多数入手しておきましょう。年を重ねるごとにそれらはかけがえのない財産となります。

学び合うと賢くなれることを体感させる

子どもたちに言います。

「『キョウ』という音読みの漢字をできるだけたくさん書きなさい。誰にも相談してはいけません。一人でやります。時間は２分です」

やってみると分かりますが、多い子でせいぜい10個ほどです。平均３～５個といったところでしょう。

「では次に教室中を歩き回って、友達からどんな答えがあるのか教えてもらいなさい。ノートにメモしながら聞くのです。このとき、最初は『よろしくお願いします』、終わったら『ありがとうございました』としっかり言いましょう。自分を賢くしてくれるのです。礼儀正しく学び合いましょう。時間は２分です」

これで子どもたちはかなり答えの数を増やすことができます。多い子は20個近くになります。少ない子でも10個近く集めることができます。ただ単に答えだけを交換し合っている子がいたら「しっかり挨拶しなさい」ときっちり指導します。あまりに挨拶がひどい場合は一度席に戻し、全員に伝えることも大切です。

さて、時間がきたらまた席に着かせます。そうして、

「では再び自分一人で『キョウ』という音読みの漢字を書きます。時間は2分です」

すると当然先ほどよりも多くの答えを書くことができるようになっています。時間がきたらいくつ書けたのか聞いていきます。多い子は2～3倍に答えの数を増やすことに成功するはずです。「1回目より1つでも伸びた人は挙手して下さい」。全員の手が挙がるはずです。そこで聞きます。「みなさんはなぜ、10分ほどの短い時間の中で知識の量を何倍にも増やすことができたのですか？　言い換えればなぜ数倍も賢くなったのですか？」。子どもたちからは「友達と意見交流したから」という答えが出されるでしょう。

「そうです。友達と学び合えば、あっという間に数倍も賢くなれるのですね。今年一年間、いろんな授業で友達と意見を交流すると思います。友達を大切にしてみんなで賢くなっていきましょうね」と締めくくります。

お分かりだと思いますが、私は次の3点を意識しました。

「教える力」→子どもたちを魅了するネタで子どもたちを本気にさせる。
「つなげる力」→友達との交流場面を多く設定し、学び合う素晴らしさを可視化する。
「育てる力」→活動するときはしっかり挨拶をさせ、できていなければやり直しをさせる。

これらのうち一つでも欠けると「授業ごっこ」へ堕《だ》してしまう危険性があります。また大切なことなのですが、年間１０００時間余りの授業でこれら3点を貫徹していくのです。そうして「授業づくり」を「学級づくり」へと昇華させていくことが可能になります。

4　4日目以降・面白い授業で子どもをぐっと惹きつける

１日の流れがはっきりしてきたら、いよいよ腰を落ち着けて子どもたちとの関係を構築していく時期に入ります。この時期の子どもたちはまだまだ担任の様子をうかがっています。「今年の担任はどんな先生なんだろう？　面白いのかな？　厳しいのかな？」などと考えているのです。ここで大切なことは「知的権威を確立する」ことです。簡単に言うと「この先生の授業は面白い。聞かなきゃ損するな。しっかり聞こう！」と思わせることです。

そのために有効なのが「とっておき」の知的で面白い授業を展開していくことです。

いわゆる「授業びらきネタ」をこれでもか！　と連発していくのです。この「授業びらきネタ」は教育書や教育関連のＤＶＤなどで手軽に入手できるようになってきました。早い時期に購入し、いつでも使えるように準備しておくことをお勧めします。私の場合、次のようなネタを用意しています。

【国語・面白漢字クイズや暗唱教材】

「亜米利加（アメリカ）」や「英吉利（イギリス）」に始まり、「埃及（エジプト）」、「諾威（ノルウェー）」などの読みをフラッシュカードで紹介します。また、「平家物語」や「伊豆の踊子」などの名作の抜粋を暗唱させます。

【算数・かけ算の秘密】

かけ算の「×」に秘められた秘密を紹介します。

①「1×1＝1ですね」と言って、下の図のように板書します。この時点で、交点（〇）が一つであることに気付く子がいるかもしれません。

1 × 1

②続いて「2×2＝4ですね」と言って、左下の図のように板書し

ます。ここらあたりで交点の数に着目し、気付き始める子が増えるはずです。

③続いて「２×３＝６」と言って、下の図のように板書します。ここで、かける数のラインとかけられる数のラインを交差させると、交点（○）の数が積となることを説明します。

④「じゃあねえ。もっと大きい数でやってみようか？」と言い、筆算で12×23を計算します。積は２７６と板書し、確認します。次に、ラインで交差させます。一見すると交点は15個しかないので、「？」となります。しかしここで、下図のように「A」「B」「C」の３つのゾーンに分けて○で囲みます。そして、ゾーンごとに○（交点）を数えると、「2」「7」「6」となっていることに気付かせます。つまり、「A」は「百の位」、「B」は「十の位」、「C」は「一の位」を表していることも説明します。

⑤「じゃあ、超難問で！」と言って、99×99にトライします。

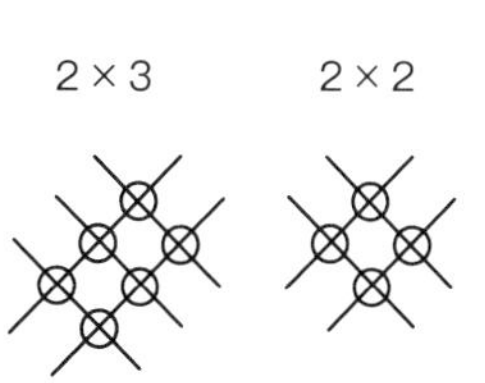

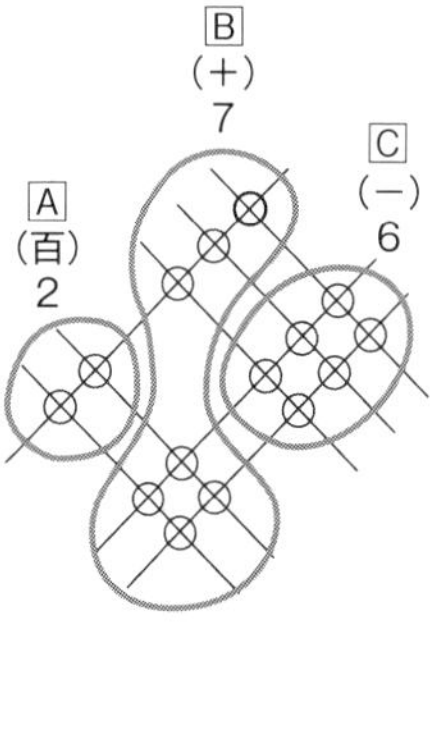


```
  12
×23
  36
24
276
```

ここでは「繰り上がり」が出るので、下の図の意味を説明し、位を合わせて足すと「9801」になることを説明します。

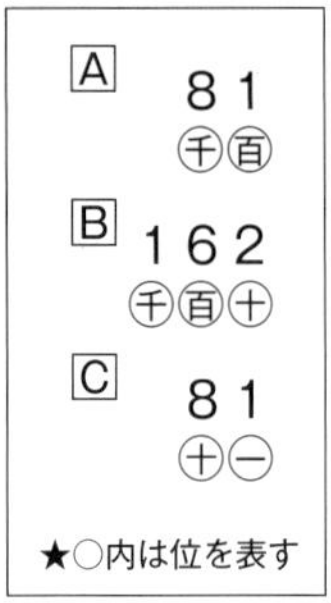

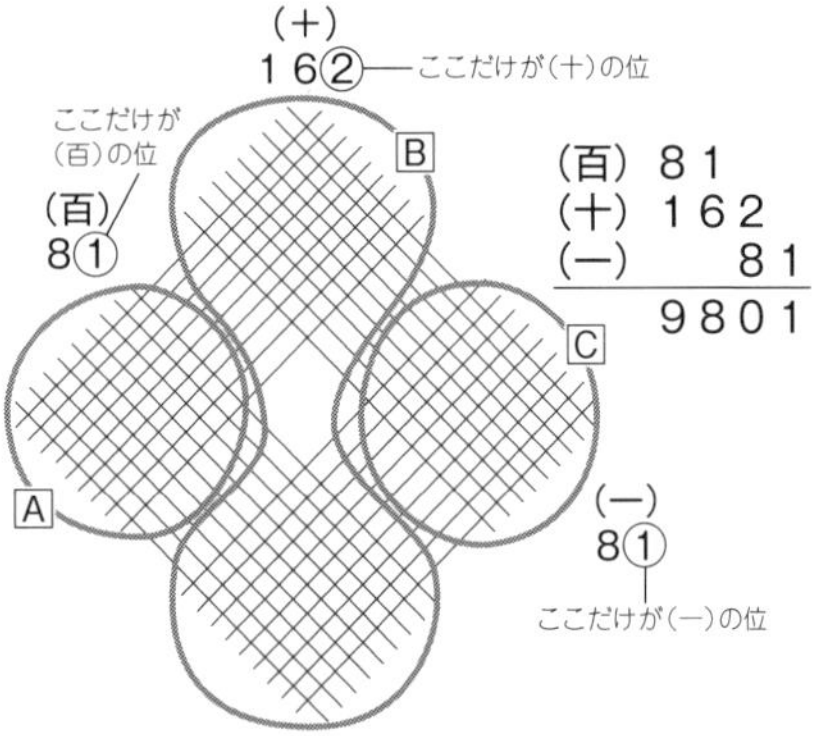

【理科・真空ポンプの実験】

これは「スベリ知らず」のネタと呼ばれています。キッチン用品である真空保存容器を使っての実験です。風船やマシュマロを入れて、容器内を真空にしていくのです。さて、容器の中のマシュマロはどうなるのか……。驚きの現象が子どもたちを魅了します。

【社会・国旗フラッシュカード】

子どもたちは国旗が大好きです。市販の国旗カードは紙の滑り具合もサイズもバッチリです。授業のスタートは毎時間このカードを使うといいでしょう。

本書ではこれらのネタは詳しく紹介しませんが、次のＤＶＤが参考になりますので、よろしければご購入下さい。

『ミニネタを活用した模擬授業＆土作流学級づくり』有限会社カヤ
〒５４０‐００１３　大阪市中央区内久宝寺町３‐４‐８‐９０２　ＴＥＬ＆ＦＡＸ：０６‐６９４０‐１３１４
E-mail：kaya@sogogakushu.gr.jp

5 子どもたちをつなげ続ける

子どもたちをこちらにぐっと惹きつけたら、次は子どもたちをつなげることが肝要です。簡単に言うと、「この仲間で学び合って良かった！」という実感を持たせることです。決して難しいことではありません。次のようなことにいつも留意するのです。

①ある子どもの「輝く行為」を友達に褒めさせる。

②友達と学び合ったからこそ「賢くなった」瞬間を可視化する。

①について。子どもをよく観察しましょう。1日のうちで何人かの子が「輝く行為」をするときがあります。例えば次のような行為です。

■落ちているゴミを誰にも言われないのにさりげなく拾って捨てる。
■乱雑に提出されたノートなどを整理している。
■自分の分担でもない仕事を進んで手伝う。
■間違いを怖れず、積極的に授業中に発言する。

このようなシーンを、教師は見逃さずにしっかり観察しておきます。そうしてしばらくしたら子どもたちに「ちょっと聞いてほしいことがあります」と投げかけます。「輝く行為」を教師が褒めるのではありません。子どもたちに気付かせて褒めさせるのです。（私はこれを深澤久氏から学び、今も貫徹しています。）

「今、とっても素晴らしい行為をした人がいます。気付きましたか？」このように子どもたちのほうから気付きを発言させるのです。そうすると何人かの子どもたちはその行為を見ていて「〇〇君が～してくれてました」と言ってくれるものです。そのときに「そうだね。友達のことを考えた素晴らしい行為でしたね。拍手して下さい！」などと言って讃えるのです。そして「○○君の素晴らしい行為に気付けた△△君も素晴らしい目を持っているね。△△君もきっと素晴らしい行為をしてくれると信じています。拍手して下さい！」と言って讃えます。

単にこれだけのことですが、教師が気付いて褒めるのと、子どもたちに気付かせて褒めさせるのとでは、構築される人間関係に大きな違いがあります。

下の図をご覧下さい。

教師が子どもを褒めると、教師と子どもの人間関係は構築されます。しかし、子ども同士に褒めさせると、教師とだけでなく、子ども同士も人間関係を構築できることになります。このようなシーンは年間に何百とあるはずです。その度に子どもたちをつなぐ褒め方ができるように心がけていくのです。

②について。これも毎日毎日繰り返されて、年間

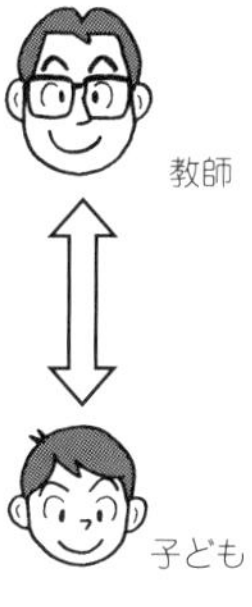

教師が褒めると、子どもと教師がつながる。

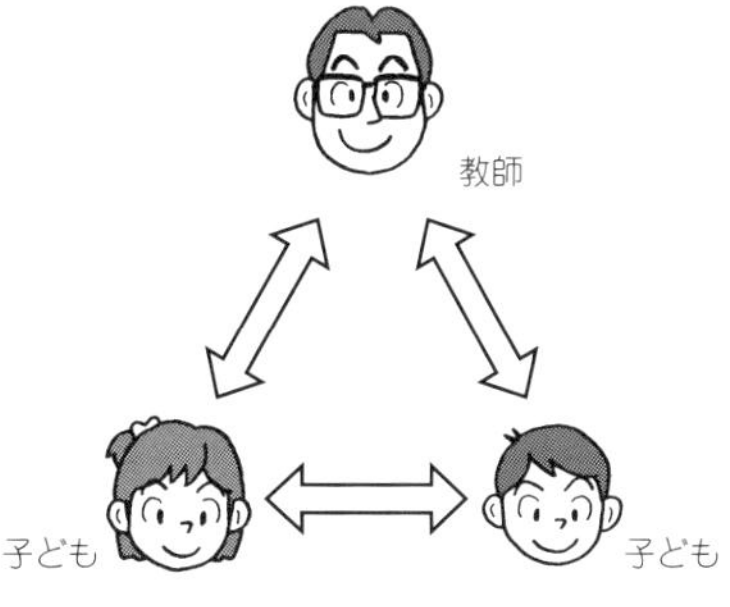

子どもに褒めさせると子ども同士がつながり、教師ともつながる。

に何百と訪れるチャンスです。例えば私の学級の算数の授業は、問題を読んで、自分で考えても分からない子が「自分はここが分からないのでみなさん教えて下さい」と言って始まります。その子の疑問に次々と友達が答えていきます。最終的に分からなかった子が「分かりました。ありがとう！」と言うまで説明は続いていきます。このような手法で授業をする先生も多いと思いますが、大切なのは全ての説明が終わってからです。「今日はみんなで分からない問題を解決できて良かったね。ところで今日全員がこの問題を解けたのはだれのお蔭かな？」と聞くのです。すると、説明した子だけでなく、「自分は分からない」と堂々と言えた子のお蔭だという意見が必ず出てきます。そうしたら次のように言います。「そうだね。分からない子は分かる子のお蔭で賢くなれました。また、分かっていた子も分からない子に説明したお蔭でより詳しく説明する力が身につきました。こうしてみんなが一人残らず伸びていけるのが授業なんだね！　拍手して下さい！」と讃えるのです。

ともすれば利発な子の意見だけで授業は進んでいく（と見える）ものですが、実は分からないという子がいるからこそ、学級で授業を行う意義があるのだということに、繰り返し気付かせていくのです。年間1000時間あれば、実に1000回、ともに賢くなれたことを喜び合うチャンスがあるのです。

6 子どもたちを育て続ける

「この先生にはついて行こう！」と思わせ、次に子どもたち同士をつなぐ。これだけで「学級づくりの基礎平面」が完成できるのですから、「なかなか学級づくりはうまくいってるなあ」と感じることができます。しかし、稀有な存在である「学び続ける教師」でも、そのほとんどがここ止まりになります。つまり、学級が「荒れていない」ことで満足してしまうわけです。じつにもったいないことです。なぜなら子どもたちはそのような「荒れていない現状に満足している」教師の想像以上に力を伸ばすことができるからです。いわゆる「育った」学級をつくろうとしている教師になると、全国にほんのわずかしかいないと言ってよいでしょう。

さて、では「育った」学級での子どもたちはどんな姿なのでしょうか？　どこを見れば「育っている」と分かるのでしょうか？　例えば次のようなところを見て下さい。

■**素早さ**……スピード感とも言えます。育っている学級の子どもたちの行動はじつにスピーディーです。学習に取りかかるときの速さ、問題を集中して解くときの速さ。どこをとっても無駄な動きがありません。あらゆる言動が洗練されています。

■出力……挨拶の声の大きさはもちろん、表情、一定時間内に解く問題数、作文の量など、子どもたちからの「出力＝アウトプット」がすごいのです。普通の学級を凌駕しています。集中力の高さとも言えるでしょう。

■思いやり……育った学級ではお互いに対する気配り、目配り、思いやりが行き届いています。自分のことよりも他の人のことを考えて行動しようという気持ちに満ちています。物の受け渡し、言葉遣いなどに温かさが感じられます。

若手の先生方でも、例えば上記の点に留意して指導していくことは十分可能です。焦りは禁物ですが、「1年後に子どもたちをここまで育てよう」という意識を持って指導していくことは学級担任の責務であり、またやり甲斐でもあり、楽しみでもあります。

第3章

場面別・土作流「育てる」指導術

13:00～
土作 彰先生
特別講座
「育てる」学級づくり
育てる
つなげる
教える
本当に人気のあるすごい先生だったんだな…
夜のあの姿からは想像もできない…
がはは

子どもの心をつかみ次に子ども同士をつなぐ
ここまでくれば「学級経営はうまくいっている」と感じるでしょう
しかし…
くわっ
多くの先生がそこ止まり!!
それではあま―――い!!
ビクゥッ
ビクッ
子どもたちは「育てる」指導によってより高いレベルに育ち
教師の想像以上に力を発揮することができるのです
ゴクリ…

「育った子ども」の姿とはどんなものか？
次の３つの視点で見るとわかります
一つ目
パッ
「スピード感」
スピード感
「育っている子」の動きは　学習に取りかかるときの速さ
問題を集中して解くときの速さ
どこをとってもムダがありません
二つ目は
パッ
「出力」
出力
挨拶の声の大きさ　表情の豊かさ
一定時間に解く問題数、作文の量など
育っている子どもたちのアウトプットは圧倒的です
……

3つ目は思いやり
パッ
「思いやり」
育った学級ではお互いへの
物の受け渡し
どうぞ
ありがとう
言葉遣いなどに温かさが感じられます
さて…それでは私の学級の動画を見ていただきましょう
パッ
「育った学級」動画
ざわっ
…やっぱりすごい…!
子どもたちってここまで育つものなの?

懇親会
2次会会場
居酒屋「つっちゃん」
かんぱ――――い!!
がちゃん
わい　わい
……休日のセミナーって勉強になるし楽しいですね!
用事さえなければ午前の部も参加したかったな…
うん!
全国に仲間がいるってだけで勇気づけられるよな!
カチンッ
ところで先輩新しい学級はどうですか?
あ…いや　例の真空ネタはバカウケだったし俺なりにうまくできているつもりなんだけど…
しどろもどろ…
…けど?

掃除の時間に何人かがおしゃべりしたり遊んだりするんだ…
そのたびに厳しく叱るんだけど…
ガミガミ
フゥ…
ちっとも良くならないんだよね…
そもそも先輩自身が掃除とか片付け苦手ですよね？
みんなで遊びに行ったときすごかった記憶が…
ドロドロ〜
そう！そうなんだよ！掃除の時間って面倒でさ!!
時々 子どもに任せて職員室で別の仕事をしちゃうことも…

どんっ
あ…あの…
ゴゴゴ…
土作先生…？
ばっかも———ん！
ビリビリ

しーん
大野くん…
教師が「掃除は面倒」と思っている学級では掃除を面倒だと思う子どもしか育たない！
君の清掃指導の致命的な問題点だ
ハッ
ごくごく
フゥ…
くるっ

大野 これから清掃指導についての特別講義や!
というわけで授業料の日本酒一升お前のおごりな
は…はい!
よろしくお願いします!!
大将!この店で一番高い地酒!一升瓶でね——
ささっ!皆さんで回して飲んでや~!!
わあっ
ひゃっほー
……
……

きゅっ
きゅっ
面倒なイヤな仕事
↓
やらなければ損をする
素晴らしい仕事
くるっ
掃除は自らの心を磨くための大切な作業です
「面倒なイヤな仕事」から「やらなければ損をする素晴らしい仕事」へと価値観を転換する指導が必要です
あんなに飲んでいたのに教育の話になると
真剣な顔をするんだな…
そこで土作学級では掃除は「免許を取らなければできない仕事」になっています
名付けて…
「清掃士免許制度」

子どもたちには次のように言います
今年の掃除はやる気のある人だけでやります
やる気のある人はこの願書に名前と希望場所を書いてください
3級清掃士資格取得試験
1次試験
志願者氏名
希望する清掃場所
希望する仕事
免許…
願書…
願書を出した子は「試用期間」を設けて掃除させます
だいたい2週間かな
その間「黙って掃除する」「腰骨を立てて掃除する」の2点ができているかどうかをチェックします
黙って掃除する
腰骨を立てて掃除する

2週間できていれば「3級清掃士合格」とし、合格者氏名を掲示します
合格者
あったー
やったー
合格すると数か月は同じ場所を掃除し続けることができます
この方法でまず全員が願書を提出しますので全員合格にします
しかし!!
ズリイッ
1か月もすれば必ず中だるみが生じます
そこで次のステージへ進みます!
数か月間一生懸命掃除を続けた子は「2級清掃士」に進級します
2級清掃士
資格認定書などを授与するとモチベーションが上がりますね

…しかし…
この間 サボったり
ふざけたりした
子には
「清掃士資格
剥奪」!!
ピシャアアア
しょ…処分!?
シカク
ハクダツ?
という処分が
待っています
資格を剥奪された子
には掃除を
させません
掃除時間中
教室の前に
立たせて
友達が頑張る
姿を見学
させます
ジ〜ン…
こうなると
普通は
ごめんなさい
掃除を
させてください
と言ってきますので
初犯(1回目)の場合は
「職場復帰」
させます…

しかーーーし!!
面白がってるな この人…
再犯の場合は簡単には復帰できません
反省文を書くとか友達が懸命に掃除をする姿から学んだことをメモするなど
「反省行動」が無い限り二度と掃除をさせません
二度と…
自分に甘い者には掃除ができないこと 掃除は「自分にとって大切な仕事」であること
こうした価値観を子どもたちの中につくりあげるのです
まさに「育てる」指導ですね!
その通り!!

長期間にわたり頑張り続ける子は「1級」「特級」へと進級していきます
1級
特級
三学期には「掃除時間以外にも気付いたときに掃除出来る子」を育てていきますこんな感じです
1級清掃士でやる気のある子は朝から校舎を掃除しましょう！
はいっ
定着してきたな明日の朝の会で希望者を増やそう
自由時間を割いてまで掃除ができる人は自分をコントロールできる強い人ですね！素晴らしい！ 拍手!!
パチパチ
他にやりたい人はいますか？
はいっ
はいっ
はいっ

最終的には　学級全員が参加するように「朝掃除の輪」を広げていきます
すごい…
自分の至らなさを反省します…
ニコ…
土作先生！すまんが奥からビールケースを出してもらえるかな？
おう…そのかわり一杯おごってや～
…
ぐび

フゥ…
やっぱり… あの人はすごすぎるよ…
…でも ああいう実践って きっと土作先生の キャラクターがあるから できるんだと思う
厳しい指導が 通る教師でないと あそこまでは できないよ…
俺なんか 子どもと 同レベルで 仲良く なっちゃう キャラだもの…
だ〜る〜 ま〜さん が〜
俺も 頑張って もっと 厳しくするべき なのかな…
ポン

君は誤解しているね
え…？
にこっ
あ…ちょっとかっこいい！
土作さんの学級ってじつはとってもあったかいんだよ
学校開放日にでもまる一日見せてもらうといいね
子どもたちがお互いを思いやりながら明るく　生き生きと動いている
少しも萎縮なんかしていないんだ
…でもああいう厳しい指導だとどうしても…

厳しいだけじゃない！土作さんはとっても温かい人だよ！
彼は学年に不登校の子がいれば毎朝迎えに行くし…
毎日 子どもと一緒に家まで帰ったりするんだから
今日は○○くんと一緒に帰ろうかな～
それに何より…
彼の温かさは君たち自身がもう感じ取っているんじゃないかな？

…そ、そうですよね！
私も　ずっとそう
感じていました!!
ニコッ
土作先生は
子どもたちを
力で抑えつける
教師じゃ
ないって！
よいしょ
よいしょ
おお〜〜〜！
赤坂ぁ！　飲んどる
か〜？
ど〜も〜
え…
ガタッ
あ…
赤坂って…
まさか…

上越教育大学の
赤坂真二教授
だったんですね！
し…失礼しました!!
いやいや
「クラス会議」関連の
ご著書が多い
赤坂先生ですよね…
午前中に講師を
されていたんですね…
ええ…
まあ…
よっしゃ〜
今夜はとことん
いこうかぁ〜
とぷ
とぷ
とぷ
わい
わい
今夜も……
でしょ？

一時間後――
大野ぉ
貴様ぁ～～～！
気合も飲み方も
足り―――ん！
うう…
吐きそう…
赤坂先生の
ギャグって
そんなに
スベるんですか？
ゲロゲロ～
ギャー
ホントに
吐いた――!!
次ページからの
本文で土作流
「育てる」指導術について
詳しく解説します

1 起立・礼・着席

1年間に何十回、何百回と繰り返す「起立・礼・着席」という動作は、いわば作法の実習とも言えるでしょう。人間として大切な言動ゆえ、日本全国で、毎日繰り返して教えられているのです。しかし、これらの指導は、ともすれば単なるルーティンの反復をさせるにとどまってしまいます。目的意識もなく繰り返す度に、子どもたちは「だれた失礼な言動」を学ぶことになります。きっちりと教えましょう。

Ⅰ・初期

まずは子どもたちの「レベルチェック」です。とりあえず「起立・礼・着席」をさせてみましょう。だれた覇気のない動きを見せるはずです。そこでまずは「起立」から指導を入れます。

発問　**何秒でビシッと立てますか？**

多くの場合、だらだらと起立の完了まで3～4秒かかるはずです。そこで、この時間を短縮するゲームを仕掛けるのです。「起立してみなさん全員がビシッと止まるまでの時間ですよ」と「ルール」を説明してやらせます。もちろん最初は大きな音が出たり、揃わなかったりして乱雑な出来になるでしょうが、とにかく素早く立てたことを褒めます。

「すごい！　1秒56だ！　さっきは4秒を超えていたのに！　拍手〜！」とムードを高めます。そうしてだんだん時間を短縮していきます。時間は黒板の端などに書いておきます。次の日の超えるべき目標になるからです。

次に礼です。次のイラストを用意しておきます。

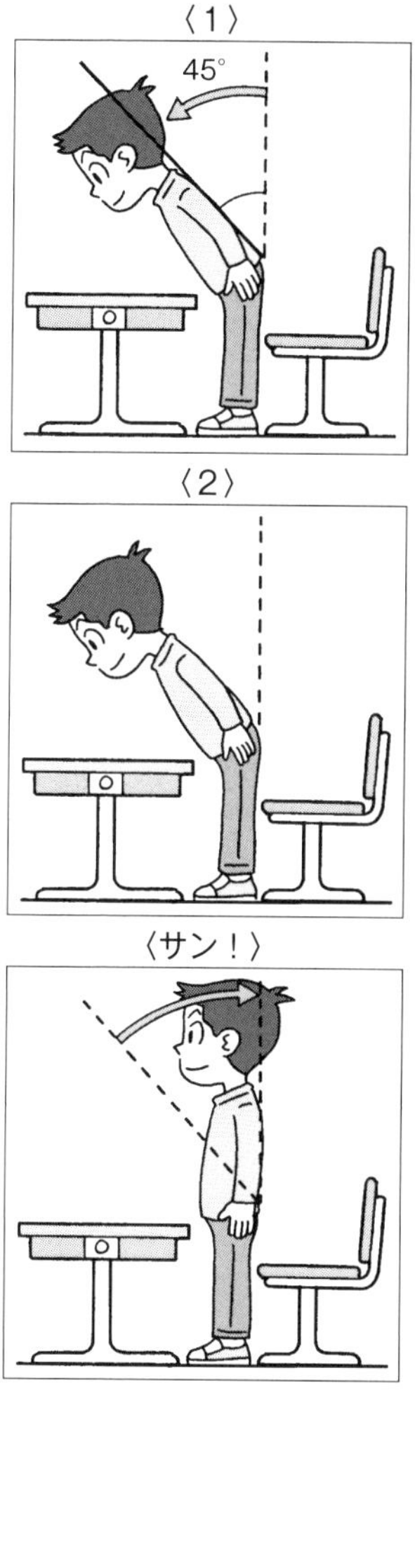

「礼！」の号令で腰を45度に曲げ、「1・2・サン！」で元の気をつけに戻るよう指導し

ます。

最後は着席です。できるだけ音を立てずに、無駄なくスムーズに動き、ビシッと背筋を伸ばして着席することを指導します。

Ⅱ・中期

初期の指導に次の点を加えていきます。

起立……椅子を引き、さっと立ち、椅子を入れるまでの動作を全員で合わせます。できるだけ音を立てずにスマートに素早く2秒以内で立たせるようにします。

礼……「おはようございます！」の号令の後に45度の礼をさせます（分離礼）。その後顔を上げたら、正面にいる相手に視線を合わせます。これも全員でタイミングを合わせます。

着席……「着席」の号令でできるだけ音を立てず素早く椅子に腰掛けます。そのときもビシッと背筋を伸ばしているように指導します。

Ⅲ・後期

中期までで鍛えた動きが次の場面で出せるように指導を繰り返していきます。

①朝の会、帰りの会の挨拶
②全ての授業時間の挨拶（特別教室なども含む）
③儀式的行事や校外学習などのときに、椅子に腰掛けている状態からの挨拶
④誰かにお世話になったときにする全ての挨拶

2　聞き方・話し方

子どもたちは小学校入学以来、授業中などにいったいどれほどの回数、人の話を聞き、人に対して話をするのでしょうか。１日に１回としても１年で２００回。６年間で１２００回です。実際の回数はもっと多いだろうと推測できます。話の聞き方・話し方は人間関係構築のための基本中の基本と言えるでしょう。コミュニケーション能力の基礎基本とも言えます。ところが多くの授業を参観していると、この聞き方・話し方がいい加減な場合

が実に多いのです。いや、ほとんどの授業においてなおざりにされていると言えます。このような基礎部分を放っておいて、指導案だとか教材だとか指導言だとかをいくら研究しても所詮は砂上の楼閣に過ぎません。それどころか、やればやるほど「相手を粗末にしてよい」ことを繰り返し学ばせる愚行を繰り返すことになります。きっちり指導しましょう。

Ⅰ・初期

まずは子どもたちにしっかり聞き、話すことの大切さを体感させましょう。例えば次のような指示を出します。

指示　**4画の漢字を思いつくだけノートに書きなさい。時間は2分です。**

子どもたちは困惑しながらもノートに答えを書こうとします。でもなかなか進まないはずです。それでいいのです。大いに悩ませましょう。時間がきたらいくつ書けたかを確認させます。個数を聞いていきます。10個書けたらすごいでしょう。「すごいなあ！」と褒めながら個数を聞いていきます。平均は3～4個のはずです。「平均　4個」と板書します。次の指示を出します。

指示　**３分間教室内を歩き回って多くの友達と答えを教え合ってください。自分で思いつかなかった答えはメモしていきましょう。**

３分間情報交換をさせます。「あっ！　そうかあ！」などの声があがるはずです。時間がきたら着席させます。そして先ほどと同じ指示を出します。

指示　**４画の漢字を思いつくだけノートに書きなさい。時間は２分です。**

今度はたくさん書けるはずです。時間がきたら再度個数を数えさせます。今度は飛躍的に個数が伸びて、10個以上という子も続出するはずです。平均は10個近くになるでしょう。

「平均　10個」と板書します。その上で聞きます。

発問　**みなさんは、なぜわずか数分で知識量を数倍に伸ばせたのですか？**

「友達と答えを教え合ったから」「みんなで協力したから」という答えが出るはずです。

「そうですね。一人ではなかなか答えが出てきませんが、友達の言うことをしっかり聞き、自分の答えをしっかり話すことで、あっという間に答えが集まりますね。つまり、人の言うことをしっかり聞き、話すことで、とっても賢くなれるのです」と締めくくります。

Ⅱ・中期

子どもたちが「しっかり聞き、話すこと」の大切さを体感してくれたなら、次はもっと具体的な学習習慣について指導します。（中期となっていますが、これは「Ⅰ・初期」の指導後すぐが効果的です。）問題は「Ⅰ・初期」と同じようなものを出題します。

指示　**音読みが「ショウ」という漢字をできるだけたくさん書き出しましょう。**

これも2分間ほどやらせます。おそらくそんなにたくさんの答えは書けないはずです。時間がきたらいくつ書けたか発表させます。その上で次のように言います。

説明　**では自分の書いた答えを発表して貰います。そのときにどのように話し、どのように聞けば、うまくみんなに伝わるかを考えながら発表して下さい。では答えを1つでも書けた人は立ちなさい。**

全員が立つはずです。このとき、発表する子は教師に向かって話し始めるでしょう。そこで、「あなたは誰に聞かせたいのですか？」と言いながら、教室の中央を向くように指導します。また、そのときに他の子には、話す子の方を「向き」、「うなずき」、「メモを取り」ながら聞くことを指導します。こうして「しっかり聞く」、「しっかり話す」こととはどのような状態を指すのか、具体的に指導していくのです。

終わったら当然２回目の「テスト」を行います。全員点数が上がるはずですから、「しっかり話し、聞くことは大切ですね」と押さえましょう。

Ⅲ・後期

かなり早い時期に、次のような場面でしっかり聞き、話せるようにします。

①全教科・領域における授業での発表場面
②運動会や校外学習などでの指導場面

3 物の受け渡し

子どもたちは年間を通じて実に多くの物の受け渡しをします。プリント、ノート、文房具、教科書、体操服……。1日に10回として、年間で2000回、6年間で1万2000回にもなります。子どもたちの様子を見ていると大きく2種類に分かれます。乱暴な子と、丁寧な子です。そして教師が何も指導しないでいると、確実に子どもたちは乱暴な物の受け渡しをするようになります。例えばプリントです。前から自分の分を取って後ろに送るとき、頭越しに乱暴に渡す子がいます。例えばノート配りです。その友達の目の前にノートを放ったり、叩きつけたりして返す子がいます。

ともに「あなたのことなんてどうでもいい」というメッセージを送っていますから、そのようなことが積み重なれば教室に「人を大切にしなくていい」というムードができあがります。そしてあらゆる所にひずみやほころびが生じることになるのです。このような一見些細なことに無頓着な教師が多いのもまた事実なのではないでしょうか。担任になったら、まずはきっちり指導すべき事項です。

Ⅰ・初期

始業式の日に仕掛けます。おそらく数多くの配付物があるでしょう。そこで子どもたちに言います。

「今日はみなさんにひとつだけ教えます。それは物の受け渡しのことです。今からプリントを配ります。前から送るのですが、そのときに気をつけてほしいことがあります。プリントを渡すほうは『どうぞ』、受け取るほうは『ありがとう』と言いましょう。『どうぞ』は思いやりの言葉、『ありがとう』は感謝の言葉だからです」

そうして一番前の子に教師が「どうぞ」と見本を見せながら渡します。その子が「ありがとう」と言ったら「そうです。よくできました！」とみんなの前で褒めてあげましょう。概ね全員ができたら「素晴らしい学級ですね！　拍手〜！」とみんなで讃えます。年間を通じてとるべき行為を具体的に例示するのです。なお、この「どうぞ」「ありがとう」は元東北福祉大学教授の有田和正氏による有名な実践です。

Ⅱ・中期

やがて時間が経つと、プリント配りがいい加減になってきます。そのような様子を認めたら直ちに次のように言います。

「今配ったプリントを回収します。前に戻していきなさい」と厳しく言うのです。その上で「なぜ今やり直しをさせたか分かりますか？」と聞きます。多くの子は「配り方が良くなかった」旨を言いますので、「ではやり直しをします。どこかお手本になる自信のある列はいますか?」と聞き、ある列に手本になるプリント送りをさせます。良ければ讃え、ダメなら指摘をします。その上で「では全員でやってみましょう」とやり直しをさせます。プリント配りに限らず、「だれてきたなあ」と感じたらやり直しをさせる。100回だれたなら100回やり直しをさせる。そのくらいのしつこさで子どもたちに臨む覚悟が必要です。

Ⅲ・後期

子どもたちに次ページのようなイラストを見せて言います。

発問　**何かを受け渡しするとき、その物には同時にあるものを乗せて受け渡しすることになります。そのあるものとは何か分かりますか?**

答えは「心」です。言葉は使わなくても、物の渡し方、受け取り方で相手に心を伝えることができるということを伝えましょう。

例えばある子に承諾を得て、その子の机上にノートを放り投げます。次に丁寧にノートを手渡します。会釈と笑顔を添えて。そしてその子に「どう違いましたか？」と聞きます。当然後者のほうが気持ち良かったと言うでしょう。「そうですね。物の受け渡しのときに、言葉はなくても相手に心を伝えることができるのです。みなさんはどちらの心を伝えるのですか？」折に触れてこのような話もしながら、中だるみを防いでいきましょう。

さて、物の受け渡しは何もプリント送りに限ったことではありません。次のようなときにも「どうぞ」「ありがとう」が言えるように指導しましょう。

①プリントを集めるとき。
②給食で食器や牛乳などを受け渡しするとき。
③学級以外の全ての人たちと全ての物の受け渡しをするとき。

4 給食の時間

給食開始のチャイムが鳴ったら、給食当番がエプロンを着用し準備にかかる。他の子は配膳台の前に1列に並んで、給仕された料理やデザートを自分のお盆に乗せて自席に戻る。いわゆる「カフェテリア形式」です。

全国あちこちの先生方にリサーチすると、給食準備に要する時間は10～15分程度のようです。ごくごく一般的な給食準備の風景だと言えるでしょう。

しかし、これもまた年間200回行われる「指導場面」です。指導であるならば、子どもたちは1年間で何らかの力を身につけていかねばなりません。給食指導で身につける力とはどんなものなのでしょうか?

Ⅰ・初期

まず、国内スタンダードである「カフェテリア形式」をしっかりやらせましょう。与えられた仕事をしっかりこなすことを指導します。次のようなことを指導します。

①当番は素早く着替えて準備にかかる。

②当番以外の子は配膳の準備が整うまで静かに待つ。
③許可されたグループから配膳する。
④配膳し終わったら、読書や学習などをして静かに待つ。
⑤当番の分も忘れずに配膳する。
⑥全員で礼儀正しく「いただきます」をする。
⑦食べ終わったら静かに綺麗に食器を返却する。
⑧食器を返却し終わったら静かに自席で待つ。
⑨全員で礼儀正しく「ごちそうさま」をする。
⑩当番は責任を持って食器をワゴンや配膳室に返却する。

概ね以上のような仕事をきっちりやらせ切ることが大切です。

Ⅱ・中期

子どもたちが自分に与えられた責任を遂行できるようになってきたら、次の段階へ進めます。給食当番３パート制です。

これは子どもたちを希望によって「キッチン」「ホール」「テーブル」の３つのパートに

分けるのです。順次説明します。

「キッチン」……3~5名程度。おかずを盛りつけできるメンバー。このメンバー以外ー

〈盛りつけのテクニック例〉

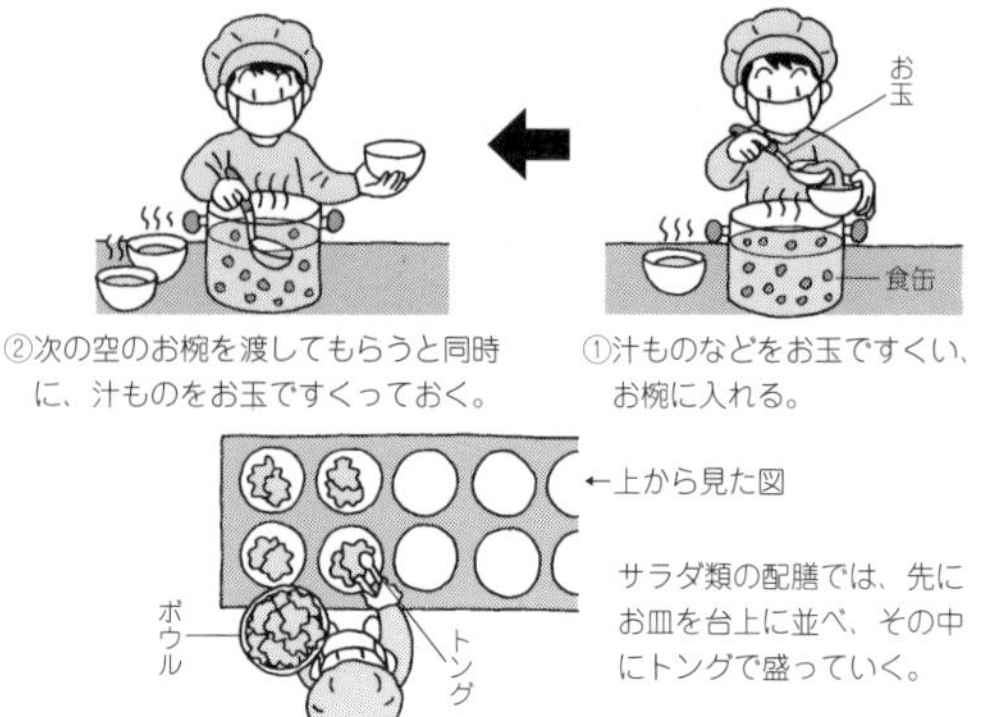
お玉
食缶
①汁ものなどをお玉ですくい、お椀に入れる。
②次の空のお椀を渡してもらうと同時に、汁ものをお玉ですくっておく。
←上から見た図
ボウル
トング
サラダ類の配膳では、先にお皿を台上に並べ、その中にトングで盛っていく。

〈左利き向け配膳の見本〉

〈右利き向け配膳の見本〉

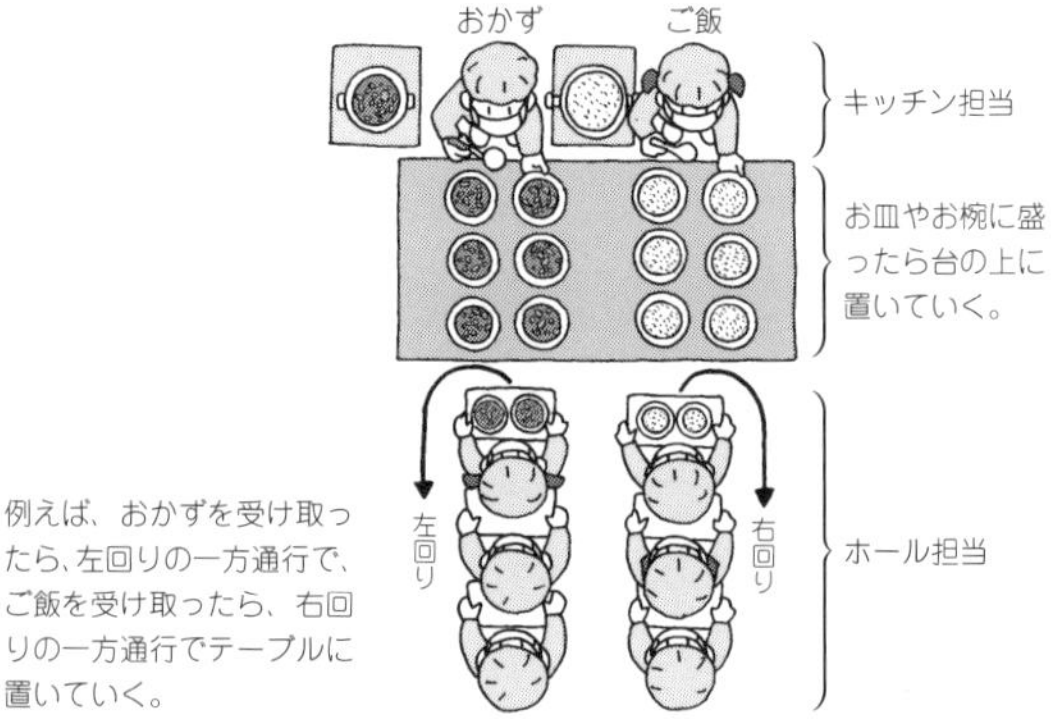
おかず
ご飯
キッチン担当
お皿やお椀に盛ったら台の上に置いていく。
左回り
右回り
ホール担当
例えば、おかずを受け取ったら、左回りの一方通行で、ご飯を受け取ったら、右回りの一方通行でテーブルに置いていく。

切盛りつけに対し文句は言えない。
「ホール」………10～15名程度。盛りつけられた料理をテーブルに運ぶメンバー。
「テーブル」……10～15名程度。ホール担当の子が運んできてくれた料理やデザートを綺麗に整える。

つまりクラスの中で誰一人遊んでいる子はいない状態にするのです。この方式なら準備に10分はかかりません。早ければ５分を切ることもあります。

また、片づけも全員で行います。特に担当は決めません。気が付いた子が気が付いたものを片づけるのです。これも早ければ３分とかかりません。

仕事を分担する方式は、ある組織の始動期には適切なことです。しかし、その組織が成長していくことを期すならば、いつまでも「分担されなければ仕事ができない」ようでは困るのです。

Ⅲ・後期

特に３パート制度の精度をさらに高めていきます。次のことを目指します。

①配膳、片づけの最短記録を目指す。

②他の学級の配膳、片づけも手伝う。
③配膳室などで調理員さんの仕事も手伝う。
④職員室などで出る残食も完食する。

5 掃除の時間

全国で行われている掃除の時間とは、次のようなものではないでしょうか？　学級には円盤や表があり、グループごとに掃除区域が割り振られている。1週間程度でその担当区域が交代となっていく。これが1年間繰り返される……。子どもたちは掃除道具を持ちながらおしゃべりしたり、道具を振り回したりして遊んでいる……。教師はその横でお手本を見せるべく一緒に掃除したり、厳しく叱責したりしているが、子どもたちに変容は見られない。一時的な変容はあってもすぐに元通り。掃除時間という「自由気ままな時間」はあっという間に過ぎ去っていく。掃除場所が綺麗になるはずもない……。

このような姿を見せる子どもたちには共通点があります。それは「掃除をすることを面倒くさい嫌なこと」と捉えているということです。しかし決定的に問題なのは、指導する教師が「掃除は面倒な仕事」だと思っていることなのです。

これはもう致命的な問題点と言っていいでしょう。

掃除は自分の心を磨くための大切な大切な作業なのです。しなければ「自分が損する」仕事なのです。「面倒な嫌な仕事」から「しなければ損する素晴らしい仕事」へと価値観を転換する指導が必要です。

Ｉ・初期

掃除は「免許」を取らねばできないというシステムにします。名付けて「清掃士免許制度」です。子どもたちには次のように言います。「今年の掃除はやる気のある人だけでやります。まずやる気のある人はこの願書に名前と希望場所を書いてください」そう言って下のような「願書」を希望者に配ります。

願書を提出したらまずは「やる気だけはあ

３級清掃士資格取得試験　１次試験

志願者氏名	
希望する清掃場所	
希望する仕事	

課題①
「一生懸命掃除する」とはどんな掃除の仕方ですか？

課題②
あなたはなぜ掃除をしたいのですか？

る」とみなし、「試用期間」を設けて、掃除をやらせます。だいたい2週間くらいでいいでしょう。その間、「黙って掃除をする」「腰骨を立てて掃除する」の2点ができるかどうかをチェックします。（腰骨を立てると力強い掃き方、拭き方になります。座り込んだり、道具を乱暴に扱うのはダメということです。）2週間できていれば「3級清掃士合格」とし、「合格者氏名」を掲示します。そうなるとそれから数か月は同じ場所を清掃し続けることができます。

この方法だとまず全ての子どもが願書を提出しますので、全員合格とします。しかし、1か月もすれば必ず「中だるみ」が生じます。ここで次のステージへ進みます。

Ⅱ・中期

一生懸命数か月掃除を続けた子は「2級清掃士」に進級させます。資格認定書などを授与するとモチベーションが上がります。しかし、さぼったりふざけたりした子には「清掃士資格剝奪」という「処分」が待っています。これは不真面目な行為を行った子の清掃士資格を剝奪し、掃除をさせないというシステムです。掃除できない子には掃除時間中、教室の前に立って友達が掃除を頑張っている姿を見学させます。

普通こうなると「ごめんなさい。掃除をやらせて下さい」と懇願してくるので、初犯の場合は「職場復帰」させます。しかし、再犯の場合は簡単に復帰できません。「反省文」を書くとか、友達が一生懸命掃除をする姿から学んだことをメモするなどの「反省行動」がない限り二度と掃除をさせません。自分に甘い者に掃除はできないこと、それゆえ掃除は自分にとって大切な仕事であるという「価値観」をつくり上げるのです。

Ⅲ・後期

真面目にやる子は「１級」「特級」へと進級していきます。年度終わりには、「掃除時間以外にも気付いたら掃除する子」を育てていきます。

例えば朝一番の教室や廊下、階段は結構埃が溜まっているものです。

「１級清掃士の子でやる気のある子は、朝から校舎内を掃除しましょう」と呼びかけます。１級になる子ならほぼ全員が朝から自分の時間を割いて掃除をするようになります。

定着したら朝の会などで「自分の自由時間を割いてまで掃除する人は、自分をコントロールできる強い人ですね。素晴らしい！」と讃えます。その上で「他にやりたい人はいますか？」などと聞きます。おそらく多くの子が加わっていきます。最終的には学級全員が参加できるように「朝掃除の輪」を広げていきます。

6 提出物

宿題ノート、テスト、小テスト、PTA関係のプリント……。年間に教師は一体何回子どもたちに様々なものを「提出」させているでしょうか。

言うまでもなく、提出物は「提出されて終わり」ではありません。そこから誰かの新しい仕事が始まるのです。

ですから提出する側には「相手意識」を持たせる必要があります。「この提出物は今から誰かが私のために見て下さるのだ。ありがたい」という意識です。そうでなければ「出せばいいんでしょ！」とばかりに乱雑な出し方をする子が増えます。

年間幾度と繰り返される「提出」という行為に、しっかり意味づけをして指導していきたいものですね。

I・初期

まずは丁寧に提出させることです。何も指導しないでおくとどうなるか？　おそらく乱雑なノートやプリントの山が築かれることになります。担任になって初めにそのような状況に気付いたらチャンスです。その状況を手直しせずに、授業の開始を待ちます。そこで子どもたちに問うのです。

発問　**教卓の上を見て何か気付いた人はいますか？**

きっと「ノートが乱雑に出されている」ことを指摘する子が出るはずです。そこで「じゃあ、気付いた○○君、どうしたらいいかやってみせてくれますか？」と言えば、ちゃんと整頓して綺麗な提出物の山を作ってくれるはずです。「ありがとう！　これなら先生も仕事をしやすいわあ。これ

からも気付いた人はよろしくね」と讃えましょう。たったこれだけの指導ですが、その次から提出物は綺麗に出されるようになります。

Ⅱ・中期

しかしこの指導も続けていると、「中だるみ」となり、乱雑なままの提出物の山が再び現われることになります。そのようなときは、「何をしてるんだ!?」と叱りとばすのではなく、次のようにします。

しばらくその提出物の山に気を付けておきましょう。必ず誰かが揃えてくれるはずです。その瞬間を教師は決して見逃してはなりません。

そして授業のはじめに、次のように言います。

発問　**今、前の方を見て何か気付く人はいますか？**

この時期になれば「提出物が綺麗になっている」ことに気付く子がいるはずです。次に聞きます。「それはだれがやってくれたか分かりますか？」ここで「○○君！」と出てきたらしめたものです。「そうですね。○○君に拍手して下さい！」と言って讃えましょう。

「でもそんな素敵な○○君の行為に気付いたあなたもすごいね。今度はきっとあなたもやってくれるでしょうね。いい目を持ったなあ。みなさん、拍手して下さい！」と言ってその子も褒めるのです。

このような繰り返しで学級には提出物を綺麗に出そうという雰囲気が生まれてきます。

また、学期途中に下巻の教科書や教材などを配布するときも、提出時の心遣いについて指導するいいチャンスです。例えば、業者から送られてきた教科書や教材の束の紐を切らずに子どもたちに提示します。子どもたちの目の前で紐を切ると、綺麗に整えられた状態で教科書などが姿を現わします。そこで子どもたちに問います。

発問　何か気付いたことはありませんか？

10冊ずつ方向が変えられていることに気付くはずです。「紐を切った人は、次に誰かに何らかの形で配付するので、冊数を数えやすいようにしてある」ことを押さえます。

「みなさんもこのような提出の仕方ができると、次に仕事をする人は楽ですね」

このような一歩上のレベルの「理想像」を紹介することも、子どもたちの行動のレベルアップのために有効です。

この後、子どもたちはいたる所で綺麗な提出物の出し方を活かしていくことができるようになります。専科の授業や委員会活動、掃除道具の片づけの際にも、相手意識のある行動がとれるようになっていきます。

7 朝礼

多くの学校では毎週月曜日の朝に全校朝礼を行っているでしょう。回数は学校によってまちまちのようですが、全校体制で週はじめに集会を持つにはそれなりの意味があるのです。まず何と言っても週はじめの重い雰囲気を吹き飛ばすためです。次にその1週間、意識を高く過ごすモチベーションを上げるためです。また、年間幾度と行われる全校行事の整列などの練習をするためです。

これらの意味を考えて指導しなければ、子どもにとっても、教師にとっても単なる形式的な「かったるい」集会になってしまいます。年間を通じて指導していく必要があります。

Ⅰ・初期

全校朝礼のやり方については、年度初めの会議で提案されるはずですから、まずはそれにしたがって、決められた時間にきっちり朝礼に参加できるよう指導することが大切です。大切なのは次の２点です。

①どこにどのように並ぶのか。→（例）男女１列ずつ。身長順に。

②何時までに整列を完了しておくのか。→８時30分のチャイムの最初の音（ファーストコール）の時点なのか？　５分前なのか？

まずはこの２点を徹底します。これだけ徹底するのにもかなりの指導力を要します。しかし、先述した３つの意味を考えると、時間までに並んでいるだけでは弱いのです。ここからさらに「育て」ていきます。

Ⅱ・中期

決まった時間に決まった並び方ができるようになったら、子どもたちの様子をじっくり観察しておきます。例えば次のようなことです。

①朝礼の間、どこを見ているか？
②挨拶の声はどのくらいか？
③礼をするときの角度はどのくらいか？　全員揃っているか？
④「前にならえ」の号令でどのくらい動くか？
⑤終了した後、どのような姿で教室へ戻っていくか？

①について。話す人の方を向いて聞くということは授業中のみならず、すべての生活の場面で共通する作法です。よそ見や私語は許してはなりません。きっちり指導しましょう。
②について。運動場のような広い場所で「今週も頑張るぞ！」という気持ちは、どのくらいの声量で表すのでしょうか？　教室内とは違った大きさを指導する必要があります。機会があれば運動場へ出て特訓するとよいでしょう。運動場での声の出し方や、聞こえ方が実感できます。
③について。前に立つ人（多くの場合、教師）への敬意を表するためには最敬礼をすべきです。会釈や中礼とは違うことをきっちり指導すべきです。次のようなイラストを掲示しておきます。

④について。前後左右に適当な間隔がないと朝礼台で話す人の姿は見えません。「前にならえ」などと号令をかけられる前に、自分たちで適当な間隔を取ることを指導します。朝礼後、「今日、『前にならえ』の号令で一歩でも動いた人は立ちなさい」と聞きます。立つ人数を減らしていく指導を行うのです。

⑤について。朝礼が終わった途端に私語を始めたり、ふざけ出したりする行為は許してはなりません。朝礼後は無言で教室へ戻り、次の授業の準備をして待つことを指導します。「朝礼はいつ始まり、いつ終わるのですか?」と問います。「教室を出るときに始まり、教

〈会釈〉

〈中礼〉

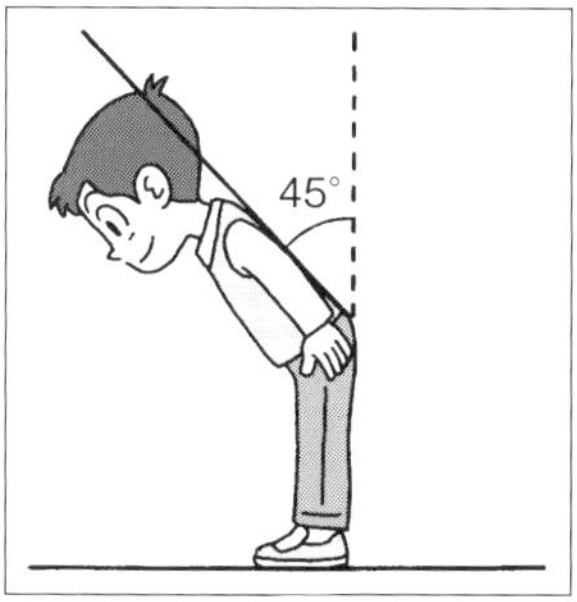

〈最敬礼〉

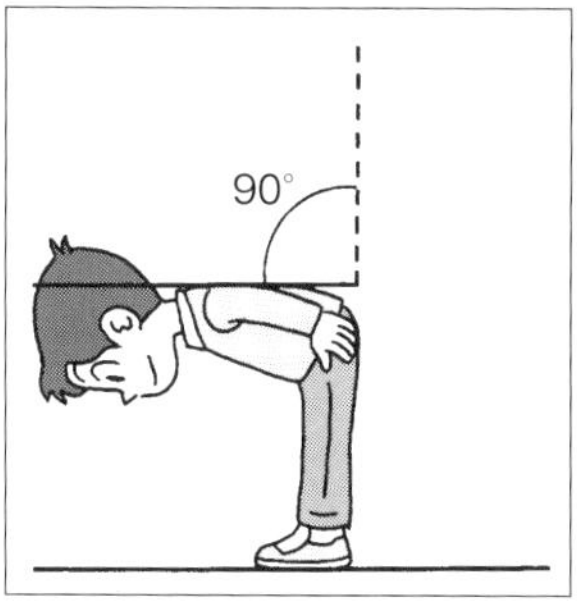

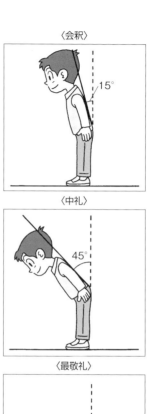

室に戻って次の授業が始まるまでが朝礼です」ときっちり押さえます。

Ⅲ・後期

中期までで鍛えた動きが次の場面で出せるように指導を繰り返していきます。

①始業式、終業式などの儀式的行事。
②社会見学、ゲストティーチャーを招聘しての学習会。
③その他、広い場所で誰か一人の話を聞くとき。

8 休んだ子への連絡

欠席した子への連絡は、教師や日直が「連絡カード」なるものに記入して、兄弟や近所の子に預けるというのが一般的でしょう。最近は気の利いた「連絡カード」のフォーマットが販売されており、「お大事に」とか「早く良くなってね」などの文字が印刷されているものまであります。とても便利ですね。

しかし、このような「便利さ」に違和感を感じないようでは学級担任は失格でしょう。

なぜなら、休んだ子への連絡は学級の人間関係を如実に映し出すバロメーターであるからです。例えば自分が学校を休んだときのことを想像してみて下さい。だれがどんなふうにこの「連絡カード」を書いてくれたんだろう？　みんな喜んで書いてくれたのかなあ？いやいややむを得ず書かされたのかなあ？　などと思いを巡らせてみて下さい。自分の学級の子どもたちにはどのような気持ちになってほしいですか？

あらかじめ印刷されている「お大事に」「早く良くなってね」などの言葉が、はたして嬉しいでしょうか？　「明日はみんなが自分のことを待っていてくれる！　早く良くなって学校へ行こう！」と思える状況を生み出すチャンスだとは思いませんか？　担任教師ならこのような些細なことにも配慮しておくべきなのです。

Ｉ・初期

まずは欠席した子がいたら、誰が連絡カードに記入し、誰に預けるのかを明確にしましょう。普通は日直が記入し、兄弟や近所の子にことづけるのが一般的でしょう。全国の学校で普通に行われているシステムだと思います。

学年での揃え方もあるでしょうから、まずは「欠席した子が次に登校するときに困らない情報」を伝えるシステムを確立しましょう。

Ⅱ・中期

まずは子どもたちの「意識改革」です。自分たちの大切な仲間が休んだら、朝一番に何をすべきかを考えさせる指導が必要です。今まで教師が「誰か書いてくれませんか？」と子どもたちに「依頼」するシステムだったならチャンスです。また日直が記入するというシステムになっていたのなら、その日直が失念してしまったときがチャンスです。

子どもたちに、授業の開始前、次のように問います。

発問 **教室を見渡して「何かいつもと違うなあ」と感じたことはありませんか。**

これで「○○君が休んでいる」ことに気付けば良いのですが、もしその子がいじめられているような場合には、誰も気付こうとはしません。そこに子どもたちの持つ差別意識を感じなければなりません。

さて、先ほどの発問で誰も気付かないようであれば、「君たちは良いクラスをつくりたいのではないのですか？」と言って、日頃口にしていることが「綺麗事」であることを確認します。「あることに気付かない君たちが『良いクラス』をつくりたいなんて信じられません」と、厳しめに語ります。ここまで言えば誰かが休んでいることに気付くでしょう。そこでさらにつっこみます。

「全員起立。『良いクラスをつくりたい』と思っている君たちに問います。○○君が休んでいることに気付いたらまず何をすべきだと思いますか？」。当然連絡カードを書く、という答えが出るでしょう。こんな答えが出たら「しめしめ」です。「教師が誰かに頼むのと、友達が進んで書いてくれるのとでは、どちらのほうが○○君は喜ぶと思いますか？」「良いクラスならどちらを選ぶでしょうか？」などと子どもたちに迫ります。当然後者でしょう。

そうして「休んだ子がいることに気付いたら、進んで連絡カードを書くのが思いやりだ」ということを指導するのです。

次は書く内容です。おそらく翌日の連絡事項のみしか書かないでしょう。そこで、その内容を読み上げ「これで○○君は『明日学校へ行こう！』という気持ちになれるでしょうか？」と問います。

ここで次のような話をします。

「これはテレビ番組で紹介されていた話です。不治の病でもう余命半年と言われた少年が奇跡的に回復し、完治したのだそうです。どうしてか分かりますか？」。答えは「友達からの毎日届くビデオレター」だったことを伝えます。

「友達の励ましが、不治の病を治してしまったというのです。奇跡ですよね。気持ちが強くなると病気が良くなっていくということは医学的にも証明されつつあるそうです。みなさんは○○君に早く登校してほしいと思っていますか？　もしそうなら今の君たちに何ができますか？」と考えさせます。

そうすれば「早く良くなってね」などの一言を添えることに気付くでしょう。もし出なければ指導すればよいのです。（土作学級ではこのような一言のことを「お薬」と呼んでいます。）

Ⅲ・後期

最終段階では次のようになることを目指します。

①欠席した子がいたら教師が何も言わなくても、連絡カードは朝のうちに完成している。
②連絡カードは励ましの言葉で埋め尽くされている。

9 漢字ノート

まず日本全国ほとんどの学級で漢字練習ノートを使用しているでしょう。よくあるのが漢字ドリルの例文を漢字練習ノートに数回視写させるというものです。多くの場合、宿題として課されることでしょう。教師はこれに○付けをします。間違っていれば修正し、付箋を貼るなどして返します。そうしてやり直しをさせて再提出させます。ほぼ毎日のことでしょうから、回数にすると相当なものになります。それゆえ、どうしても仕上がりが雑になりがちです。教師もその都度指導はするものの、またすぐに雑なノートになってしまうものです。原因は練習方法のマンネリ化にあります。最初は丁寧にやっていても、評価の方法も変わり映えしないので子どもたちのモチベーションが低下していくのです。

ここで大切なのは「なぜ丁寧なノートのほうがよいのか」について、教師がきっちりした信念を持っていることです。

私の場合「漢字練習は一日数十分、集中して全力で没頭する自制心を身につける課題」であるという認識があります。おおよそ、漢字ノートが乱雑な子はその他の学習活動も雑であることが推測されます。だから妥協せずにきっちりやらせる指導を貫徹すべきなのです。これも年間を通じてレベルアップが可能です。ではどのように指導していくのでしょうか？　実例をもとに紹介します。

Ⅰ・初期

まずは「丁寧さ」を求めます。教師自身がサンプルを書いて子どもたち全員に配付します。そうしてとにかく1回目の宿題を出し、翌朝提出させます。次の点を評価します。

①字は丁寧か？
②鉛筆の濃さは適当か？
この2点のみで評価し、「A・B・C」のいずれかを明記して返却します。

A……素晴らしい
B……まあ及第点
C……やり直し

おそらくAになる子は数名でしょう。ノートをコピーして展示します。（次ページ下段右写真参照。）そのくらい「A」にはステイタスがあることを意識づけます。

そうしてしばらくは同じ評価規準でノートを点検していきます。「A」は次々に増えていきますので、7割くらいが「A」を貰った段階で、次のステージへ進みます。

Ⅱ・中期

次のレベルは「隙間を埋める」ことを要求します。左下のノートをご覧下さい。

隙間には、その日練習した言葉の意味を辞書で調べ、それを綺麗に書き込んでいるのです。

このおかげで、子どもたちは1日最低10回は意味調べをすることになり、辞書をいちいち引き、説明を視写することになります。数十分間の集中力が求められる学習を毎日繰り返すことになります。

実はこの根気強さが、その他の学習や活動（例え

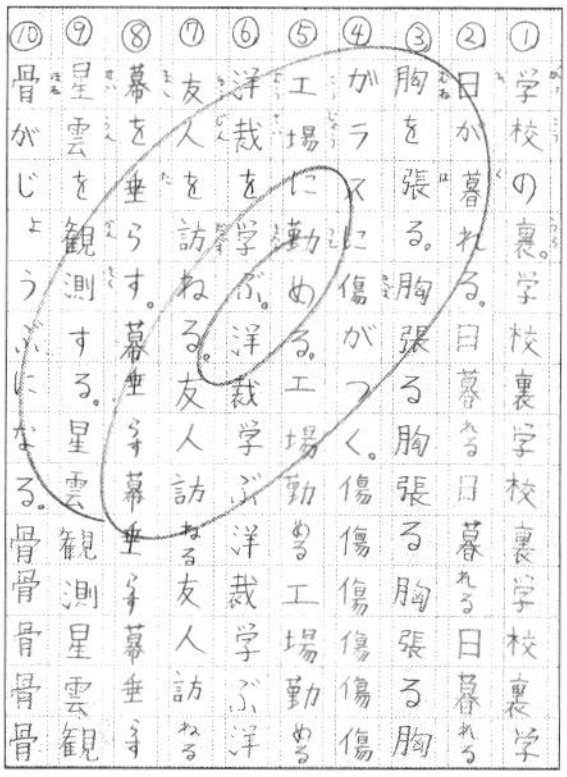

ば掃除や給食準備）などに活きてくるのです。これはさらに高いレベルを目指せます。例えばノート以外の紙に漢字の成り立ちなどを綺麗に書いてくる子も現われます。

Ⅲ・後期

①他教科の宿題、課題を集中力を持ってやり遂げるようになる。（質が高まり、量が増えてくる。）
②プラスアルファの努力を惜しまなくなる。（例えば算数の計算問題を1問多くやってくるなど。）
③「A」判定をもらえない「自分に甘い子」には掃除をさせないシステムにすると、掃除がやりたいばかりに熱心に宿題をやるようになる。

10 運動会の練習

年間に数ある学校行事の中で、最も時間、労力を費やすのが運動会でしょう。中でもダンスや組体操などの表現種目には実に多くの時間が割かれます。運動会本番までの1か月間はダンス、組体操一色になることでしょう。教師も子どもも本番でできるだけ完成度の高いパフォーマンスを見せるために必死です。ところがそのことだけが目的化してしまうと、運動会が終わってから教師も子どもたちも目標を失い、荒れ始める学級、学年が多いものです。あれだけ汗水垂らして頑張ったのにどうして学級も学年もダメになるのか？　それはそもそも教師自身が何故この時期にこんな「手間のかかる」ことに時間をかけるのかが分かっていないからです。ましてや子どもたちには分かるはずがないでしょう。

大切なことは運動会にしろ、その他の行事にしろ、それらを通して身につけさせる力があるということです。つまり運動会が終わっても、次の日からの学校生活に活かせる力が育っているのでなければ意味がないということです。その力とはズバリ「社会に出て通用する力」です。では、運動会で身につけさせる力にはどんなものがあるのでしょうか？　それらが子どもたちに身につくようにするために、どのような指導が必要なのでしょうか？

Ⅰ・初期

設定は5年生の組体操にしましょう。勝負は最初の練習時間から始まっています。学年で相談して、最初の練習で集まる場所と時間を確認し、子どもたちに伝えておきます。例えば「3時間目に体育館集合」という具合にです。

その上で教師は先に体育館へ行ってじっと子どもたちの様子を見ておきます。おそらく多くの子どもたちは、チャイムが鳴ってもダラダラ遊んだりおしゃべりをしていたりしてなかなか集まらないはずです。こんなときに教師が笛を鳴らしたり、怒鳴ったりしてはいけません。実は多くの教師はそのような愚行を繰り返し行って指導しています。故に子どもたちは「運動会の練習は教師が笛を鳴らしてから始まるものだ」ということを学んでしまっています。最初の時間でその考えを粉砕する必要があります。

チャイムが鳴り、がやがやしていても、教師が前に立たず後ろで腕組みして様子を黙って見ていると、さすがに「ヤバイ！」という雰囲気が醸成されてきます。

静かになったらそこで初めて教師は前に立ちます。そこで次のように問います。

発問 **今日君たちはここへ何をしにきたのですか？**

突拍子もない質問ですが、まず「組体操」と答えるでしょう。そこでさらに問います。

発問 **組体操の本番はわずかに15分です。これから私たちはその数十倍の時間をかけて練習をします。それはなぜだか分かりますか？**（私はこの発問を深澤久氏から学びました。）

こう問うと「しっかりした演技を見せるため」とか「本番で失敗しないため」などという意見が出されるはずです。いわゆる「組体操目的論」ですね。これらについては次のように一蹴します。「じゃあ、もっと簡単なダンスでいいじゃないですか？　アンパンマン体操とかならあっという間にできるようになるでしょう。ですから君たちの答えは、組体操のように大変な演技をすることの理由にはなっていないのです」

多くの場合ここで答えに窮するはずです。このような思考を要求されたことがないのですから。ここで「組体操は目的ではない。組体操を通じてこれからの将来のために身につけるべき力がある」ことを伝えます。そうすると「我慢する力」とか「協力する力」、「時間を守る力」などが出されるはずです。そこで問います。「全員起立。今日、開始のチャイムが鳴った時点で準備のできていた人は座りなさい」ほとんど座れないはずです。現場を押さえられているのですから嘘はつけません。「チャイムが鳴ったらどのような状態で待っているべきなのか」を確認します。「整列して体育座りで待っておく」などのようにです。それが次の時間の「評価規準」となります。そうして初めて練習を開始します。

Ⅱ・中期

早い時期に中期へ移行させましょう。前回確認した「評価規準」＝「整列して体育座りで待っておく」ことができたかどうかをしっかり見ておきます。「全員起立。前回確認した待ち方ができた人は座りなさい」などと言って確認し、できた子を大いに褒めます。

毎回これを繰り返していきます。そうするとやがて、待っている姿が目に見えて良くなってくるはずです。そうすればもういちいち教師が確認しなくてもよくなります。成長したからです。

次の段階として、「確認係」を置く方法があります。これは、開始時間前に「確認係」が前に立ち、「みんな心構えができたな」と感じたら教師に「準備完了」のサインを出すというシステムです。やんちゃな子を任命するとよいでしょう。教師にやらされているのではなく、自分たちでやっているのだという意識が高まります。

Ⅲ・後期

次のような場面でも自分たちでビシッとできるようにします。

①遠足や修学旅行などの集合時。

②始業式、終業式、卒業式などの練習開始時、本番時。

エピローグ

教師という仕事

ポリポリ…
いいお天気…
ゴールデンウィーク最終日に　何も予定がないなんてちょっと　寂しいな…
ピンピロリ～
!
今日、今から時間空いてる？よければつきあってくれない？
おねがい～
…おお!!
これってひょっとしてデートのお誘い!?
ぱあああ

大野先パーーーイ
すみません!
お待たせしました!!
…まったく
あいかわらず
森村は時間に
ルーズだなあ…
さっ!
急ごう!
遅刻しちゃうぞ
え?
どーーん
ALL俵原正仁セミナー
「叱らない学級経営」
MMビル9F
GW最終日にも
しっかり勉強!
俺って立派だろ〜〜?
…いや…あの…
…はい
がっかり…

叱らない学級経営か…
土作先生とは全然タイプが違うけどこの先生も凄い…!!
いやあ!参加してよかったなあ!
全国には凄い実践家がたくさんいるんですね…

…そうだ森村
よかったら一杯　飲んでいかない？
いいですね！
この近所にすっごくお洒落なスペインバルが…
…悪い土作先生に「つっちゃん」に誘われてるんだ…
………
やっぱりそうなるのね…

本日貸切
「土作 彰先生を囲むクラス会」
平成〇年度卒業生
へえ！そういうことですか！
ガラッ
わいわい

大野！香澄ちゃん！こっちこっち！紹介するわ!!
これ10年前の教え子！昔はやんちゃな少年やったけど…
この夏からボランティアで水道が無いアフリカの村に井戸を掘りに行くんやて！
ち――っす
へ――――！素敵ですね！
土作先生――！ちょっといいですか――？
キャピ キャピ
こっちこっち――♡
おう！
でれ でれ
…土作先生って教え子の目から見てどんな先生でした？

いやあ！
ぶっちゃけ
怖かったっすね！
きっぱり
…やっぱり
怖かったんだ…
…でも
最高に
面白い
先生でしたよ！
フッ
土作先生の
「ごんぎつね」の
授業って知ってます？
これがサイコーで
あ―
あったあった
ラストシーンを「太陽に
ほえろ！」の松田優作風に
再現するんですよ！
くっくっ

ズドーン
ガッ
バッ
な…
なんじゃこりゃあああ
「ごんお前だったのか…」ばたり！
と銃を取り落とす
兵十——!!
ご——ん!!
スローモーション
あはは
がっ
キャ
キャ

キ 250
こんばんは！お久しぶりです！
おおっ！小田くんやないか！
こっちにおいで!!
就職決まった？
はいっ！
今年からN市で小学校の教師をやっています！
おお～～
パチ
パチ
パチ
パチ
パチ
パチ
パチ

そうかあ…
中学んときはずいぶんグレて金髪で目つきも悪かったお前が教師になるとはな〜
目標はヤンキー先生?
先生!勘弁してくださいよ!!
PCの中に金髪の小田の写真が残ってると思うでみんなで見よか?
おー
わーーっ!!
すげえ別人!
わいわい
ビフォーアフターやな
やめてーー!!
ぽんっ
中条先生…

かつての教え子と酒を酌み交わしながら対等な大人として人生を語り合える…

教師ってこういう仕事なんやなあ…

…そうですねましてや教え子が教師を目指してくれるなんて…

最高ですよね！

ぼぞ…

…まぁ土作の場合「こんな教師にはぜったいならへんぞ」っていう反面教師かもしれへんけどね

え――っ!?
俵原先生――!?
そうですね
何せ酔って
軍人のカッコしてて
おまわりさんに
職務質問された
人だから…
くくく…
マジですか!?
…おや?
ずいぶん老けた
教え子が入って
きたな
はいっ
小学校教師1年目の
タワラハラですっ!
もじもじ
って
ちゃうわ!!
人を呼びつけといて何やねんその態度は!
さすが!
絶妙のノリ
ツッコミ!
…この人たち
本業は教師では
ないのでは?

よし！ほな10年ぶりに「真空保存容器」ネタ　いってみようか
おおっ！
なつかし──
シュコ
シュコ
おでんのはんぺん入れたらどうなるのかな～？
それおもろいな！やってみようか？
わい
わい

二次会は遠慮して正解でしたね
うん 部外者があんまり長居してても無粋だからね
教え子たちと水入らずってことで…
…土作先生を振り切るのは大変だったけど…
大野―――！ 敵前逃亡かぁ～
でんちゅうでござる！
ピタ…

森村…
え…？

…大野…先輩？

星の数ほどいる子どもたちと星の数ほどいる教師…
ものすごい偶然が重なって一つの学級で出会えて学び合える…

森村…教師って本当に幸せな仕事なんだな…

フッ
はい！
大野先輩!!
私も…必ず
小学校の先生に
なります!!
同じ学校で
働けたりしたら
素敵ですね！
うん…
待ってる！
ぎゅっ…

なんだなんだ！
若いのにみんな
弱いな〜〜〜!!
屍るいるい
がはは

あとがき

冒頭で次のように書きました。

「教師教育で学んだことは現場では役に立たない」と。

これは「教師教育で学んだことは現場では即座には役に立たない」といったほうが正確かもしれません。教育原理や教育心理学で学んだ内容のいくつかは、教職に就いて数年間、実際に子どもたちと「格闘」する中で「なるほど！　あのとき学んだのはこういうことだったのか！」と実感することになります。教職はＯＪＴである性格上、それはそれで理に適ったことだと言えるでしょう。

しかし、最も心しておくべきことは、「教師教育では現場で即座に必要な情報は教えてもらえない」ということです。「給食指導概論」とか「清掃指導演習」などという講義はありましたか？　そのような「些末」なものは学問の対象にはならないのです。せめて「学級経営」の「概論」や「演習」があればいいのですが、そこまで具体的に教えてくれる機会など皆無に等しいでしょう。よって多くの「ルーキー教師」は丸腰で現場へと赴任することになり、その後必ず「洗礼」を受けることになります。そこで社会人になって初めての「岐路」に立たされます。選択肢は3つ。「辞める」か「とにかくその日その日を耐えてしのいでいく」か「活路を見いだすべく学ぶ」かです。

本書を読んで下さっている先生は最後の「活路」を探してここで「お会いできた」こととお察しします。出会えて良かった！　先生は何とかなります！

本書はそうやって「活路」を求め、「学び続ける教師」になりたいと決意された先生の第一歩を確実にサポートするために編纂しました。文章で分かりづらいところをプロの漫画家さんにお願いしてフォローして頂きました。画期的な学級経営の教育書が完成したと自負しております！　みなさん！　学級経営を楽しんでいきましょうね！

最後になりましたが、本書発刊にあたり、小学館の白石正明氏をはじめ漫画家の明野みるさんには多大なご支援とご指導を頂きました。心より感謝申し上げます。

土作　彰

マンガでわかる　**学級崩壊予防の極意**
—子どもたちが自ら学ぶ学級づくり—

2016年1月30日　　初版第一刷発行

著　者　　土作　彰
発行者　　伊藤　護
発行所　　株式会社　小学館
〒101-8001
東京都千代田区一ツ橋2－3－1
電話　編集：03-3230-5683
販売：03-5281-3555

印刷／三晃印刷株式会社
製本／牧製本印刷株式会社
編集／白石正明

Printed in Japan
ISBN 978-4-09-840160-4